基于城乡统筹的农村聚落体系重构研究

赵思敏 著

The Reconstruction of
Rural Settlement System
Based on Urban and
Rural Integration

中国发展出版社
CHINA DEVELOPMENT PRESS

图书在版编目（CIP）数据

基于城乡统筹的农村聚落体系重构研究 / 赵思敏著. —北京：中国发展出版社，2017.12

ISBN 978-7-5177-0668-7

Ⅰ. ①基… Ⅱ. ①赵… Ⅲ. ①城乡建设—农村—聚落环境—研究—中国 Ⅳ. ①F299.21 ②X322.2

中国版本图书馆CIP数据核字（2017）第064711号

书　　名：基于城乡统筹的农村聚落体系重构研究
著作责任者：赵思敏
出 版 发 行：中国发展出版社
（北京市西城区百万庄大街16号8层　100037）
标 准 书 号：ISBN 978-7-5177-0668-7
经　销　者：各地新华书店
印　刷　者：三河市东方印刷有限公司
开　　本：710mm × 1000mm　1/16
印　　张：14
字　　数：157千字
版　　次：2017年12月第1版
印　　次：2017年12月第1次印刷
定　　价：49.00 元

联 系 电 话：（010）88919581　68990692
购 书 热 线：（010）68990682　68990686
网 络 订 购：http://zgfzcbs. tmall. com//
网 购 电 话：（010）88333349　68990639
本 社 网 址：http://www.develpress. com. cn
电 子 邮 件：370118561@qq. com

前　言

PREFACE

随着工业化和城镇化的快速发展，西部欠发达地区村庄人口大量减少，导致农村基础设施和公共服务设施运营及建设成本不断提高，提出重构传统农村聚落体系的迫切要求。城乡统筹发展是城乡发展的主流趋势，农村聚落体系重构能够通过促进城乡基本公共服务均等化，顺利推动城乡统筹发展的实施。基于此，本书以城乡统筹为背景，以咸阳市农村聚落为例，选择5个典型镇，在问卷调查、访谈和实地踏勘基础上，分别从人口、设施、土地等方面对农村聚落发展与存在问题进行分析，并对农村聚落体系的职能、规模和空间布局历史演变过程和现状特征进行解析和模拟，在分析其影响因素和动力机制基础上，提出农村聚落的3级职能等级、适宜规模理论模型、规模预测的计算模型、空间布局模式和体系重构流程。

本书的主要结论包括以下几个部分：

（1）通过对农村聚落发展状态综合评价，认为农村聚落发展存在以下问题：丘陵沟壑区和山区农村聚落规模小、分布分散；农村聚落常住人口大量减少；设施正常运营难度大；宅基地闲置和耕地撂荒现象普遍。

（2）农村聚落现状等级不完善，村庄人口大量减少使得在现状农村聚落格局下完善职能体系不可行，因此，必须实施农村聚落体系重构；农村聚落职能的影响因素包括农村居民对设施的需求、农村聚落服务范围内的人口规模和补充区域的交通通达度等；基于此，提出农村聚落应按照“重点镇—中心社区—一般社区”3级进行重构。

（3）从农业收益角度、设施成本收益角度、耕作成本和设施成本均衡角度构建了农村聚落适宜规模的理论模型；将农村聚落规模演变过程划分为快速增长、缓慢增长和快速下降3个阶段；认为影响农村聚落总规模的因素包括人口综合增长率、耕地面积和耕地生产力、农民兼业行为等；影响农村聚落各等级规模的因素包括公共服务设施的门槛人口和耕作半径；基于此，提出耕地承载力法预测农村聚落总规模，并构建了规模预测的计算模型；确定了不同地形地貌区各等级农村聚落的最小人口规模，其中，丘陵沟壑区和山区的重点镇、中心社区和一般社区最小规模分别为20000人、4500人和1500人。平原区和台原区各等级农村聚落最小规模分别为30000人、20000人和3000人。

（4）对农村聚落空间布局的历史演变进行模拟，将其演变过程划分为水源指向性阶段、水源指向性向耕地指向性转变阶段、耕地指向性向交通指向性转变3个阶段；通过对农村聚落空间布局现状解析，认为影响农村聚落空间布局的因素包括自然条件、耕作半径、公共设施的服务范围、交通条件、农民主要收入来源和社会因素；提出未来农村聚落演变趋势为交通指向性和设施指向性，且应实现集中居住；基于此，认为应在耕作半径和公共设施的服务范围原则下，构建农村聚落空间布局模式。不同地形地貌区不同作物类型的耕作半径均有所差异，总的来说，耕作半径应在5公里之内。并提出中心社区和一般社区公共设施服务范围在丘陵沟壑区和山区分别应为2km和0.7km，在平原区和台原区分别应为3km和1.5km；在此基础上，构建农村聚落的迁移合并模式包括整体搬迁合并型、部分保留整治型和整体保留发展型3类，并提出了农村聚落的7种空间布局模式和10种具体布局形式。

（5）基于理论探讨，提出农村聚落体系重构的实践流程，即集中居住区选址—搬迁保留村庄确定—空间布局模式确定—总人口规模和最小人口规模验证、修订—农村聚落体系最终确定。其中，空间布局模式确定应以耕作半径、搬迁保留村庄和各等级集中居住区的服务范围为依据，确定流程为确定镇区等级—确定是否需建设中心社区—确定是否需建设一般社区—初步构建农村聚落体系。

目　录
CONTENTS

第一章　绪　论

第二章 国内外研究述评及相关概念和理论

第三章 农村聚落发展评析

第五章 农村聚落的规模测定

第六章 农村聚落的空间布局重构

第八章　结论与讨论

附　录

第一章

绪 论

1.1 研究背景

1.1.1 工业化和城镇化对原有农村聚落格局造成冲击

随着城镇化水平的快速提高，乡村人口大量减少，导致设施配置、维护成本提高，城乡公共服务均等化目标难以实现。2012年，全国城镇化率已超过50%，达到52.6%，与2000年相比，城镇化率提高了16个百分点。同时，乡村人口由2000年的8.1亿减少到2012年的6.4亿，12年间减少1.7亿人，平均每天减少达3.9万人。全国自然村个数也由360万个锐减到约270万个，平均每天便有80～100个村庄消失。咸阳市城镇化率由2000年的30.6%提高到2012年的45.2%，乡村人口由2000年的392.8万人减少到2012年270.1万人，自然村个数也由5323个减少到4597个。乡村人口大量减少导致房屋常期无人居住，土地闲置荒废，基础设施配置运营人均成本提高，部分已配置设施使用率低，造成浪费。另外，公共服务设施配置无法满足门槛人口要求，已配置设施无法正常运营或荒废、新设施无法正常配置等问题严重影响农村居民的生活质量，也阻碍了城乡公共服务均等化目标的实现。以农村小学为例，由于常住人口大量减少，农村小学大量迁并，全国农村小学个数由2000年的44万所减少到2012年的15.5万所，共减少28.5万所，占2000年农村小学个数的64.7%，平均每天减少65所。咸阳市由2001年的2617个减少到2012年的761个，共减少1856个，占2001年农村小学个数的71%，在农村聚落格局不变的前提下，学校数量大量减少导致学生上学距离增加。

十三五期间，新型城镇化的进一步推进，将导致农村人口持续减少，从而导致空壳村的大量出现，农村设施配置问题进一步突出，使得农村发展陷入危机，随之带来一系列的经济社会问题。

1.1.2 现有农村聚落格局不适应生活社会化和生产市场化的需求

随着传统农业社会向现代工业化社会的转型，农民传统的自给自足生活方式逐渐向社会化和多元化转变，导致消费结构发生巨大变化，人与人之间的相互依赖程度提高，生活的社会化则需要相关设施的配置。全国农村居民人均消费支出由2000年的1670元增加到2012年的5908元，其中，食品支出、文化教育及娱乐支出和其他支出所占比重下降，交通和通讯支出、医疗保健支出、居住支出、家庭设备用品及服务支出和衣着支出所占比重均增加。食品支出所占比重下降比重最大，由2000年的49.1%下降到2012年的39.3%，下降了9.8个百分点，交通和通讯支出比重上升最大，由2000年的5.6%升高到2012年的11%，上升了5.4个百分点。咸阳市人均总支出由2000年的1859元增加到6057元，其中，农民人均生活消费支出与全国相比，食品支出下降比重达15.4个百分点，远远大于全国水平，支出中升高比重最大的为居住支出，其次才为交通和通讯支出，居住支出比重升高达11.5个百分点（表1–1）。

随着农民收入水平提高，温饱问题解决后，农民开始追求生活质量，其向往美好生活的愿望也越来越强烈，对于改善居住环境、提高设施配套水平的要求也逐渐提高。全国农民人均纯收入由2000年的2253.4元增加到2012年的7916.6元，咸阳市农民人均纯收入由2000年的1625元增加到2012年的7464元，农民收入水平提高导致其对生活质量要求提高。

随着生产、分配、交换、消费四个生产环节的市场化，农村生产关系实现高度市场化，生产对信息、设施、技术的要求逐渐提高，也需要农业生产、管理、经营相关部门的聚集。全国农产品商品化率由2003年的48%提高到2012年的87%。

综上所述，生活社会化和生产市场化对农村设施配置要求提高，但常住人口规模大量减少导致设施配置运营难度大，人口减少与设施配置要求提高形成鲜明矛盾，影响农民生活环境改善、生活质量提高和生产发展。

表1-1　全国和咸阳市农民各消费支出占消费总支出比重（单位：%）

	全国			咸阳		
	2000年	2012年	变化率	2000年	2012年	变化率
食品支出	49.1	39.3	–9.8	45.0	29.6	–15.4
衣着支出	5.8	6.7	0.9	9.4	7.7	–1.7
居住支出	15.5	18.4	2.9	13.4	24.9	11.5
家庭设备用品及服务	4.5	5.8	1.3	3.9	7.1	3.2
医疗保健	5.2	8.7	3.5	5.6	8.5	2.9
交通和通讯	5.6	11	5.4	3.7	10.3	6.6
文化教育、娱乐用品及服务	11.2	7.5	–3.7	16.2	10.0	–6.2
其他商品和服务	3.1	2.5	–0.6	2.8	1.9	–0.9
合计	100	100	—	100	100	—

1.1.3 农民对耕地绝对依赖程度减弱为农村聚落格局调整奠定基础

在生产力水平较低的农业经济条件下，农民对耕地的绝对依赖程度较高。农业经济条件下，耕作半径较小，为了耕作方便，传统农村聚落均围绕耕地进行布局。

随着生产力水平的提高，社会由农业社会向工业化社会的转型，农民对土地的绝对依赖正在减弱。随着村庄人口向城镇的大量流动，从事农业的劳动力占农村劳动力总数的比重下降，农业收入在农民人均纯收入中的比重也下降，工资性收入逐渐成为农民的主要收入来源，农村人口对土地的绝对依赖减弱。同时，生产装备水平和交通便捷度不断提高，耕作半径逐渐扩大，农村聚落的可布局范围逐渐扩大。全国农民人均纯收入中农业收入所占比重由2000年的37%下降到2012年的24%，工资性收入由2000年的31.2%增加到2012年的43.5%，从事农业的劳动力占农村劳动力总数比重由2000年的73.7%下降到2012年的65.1%。咸阳市农民人均纯收入中农业收入所占比重由2000年的65%下降到2012年的30%，工资性收入由2000年的17%增加到2012年的43%，从事农业劳动力占农村劳动力总数的比重由2000年的74%下降到2012年的45%。

1.1.4 城乡统筹发展需要借助农村聚落格局调整顺利推动

我国典型的二元经济结构导致城乡差距的不断扩大，城乡统筹发展政策提出之前的一系列促进农村发展的措施在缩小城乡差距上收效甚微，城乡统筹发展路径的提出为缩小城乡差距提出正确引导，但村庄人口大量减少导致在农村聚落格局现状下实施城乡统筹困难重重。新中国成立后，国家为了加快经济发展速度，大力发展重工业，实施“重工抑农”政策，且通过严格的户籍制度大力促进城市的发展和工业化进程，导致农村发展严重滞后，城乡差距不断扩大。20世纪80年代开始，国家开始高度重视农村发展，连续十年国家一号文件都以“三农”为主题，由减免农业税，到取消农业税，再到各项支农惠农政策的实施，使农村经济得到快速发展，但却未能阻止城乡差距扩大的步伐。2003年，十六届三中全会上，胡锦涛提出“五个统筹”，调整了政策方向，以统筹城乡为首，通过城乡统筹发展促进经济快速稳定发展，缓解社会矛盾。城乡统筹发展要求缩小城乡收入差距，促进城乡公共服务均等化，促进城乡基础设施一体化，统筹城乡资源利用、环境保护，统筹城乡空间管制。城乡统筹的思想和政策为缩小城乡差距提出了正确引导，但是村庄人口的大量减少却使得城乡公共服务均等化目标难以实现，城乡资源利用、环境保护和空间管制等在农村聚落格局现状下也难以实施，城乡统筹发展陷入实施困境。全国城乡居民收入比由1990年的2.02扩大到2012年的3.1，咸阳市城乡收入比由1990年的2.47扩大到2012年的3.45。见表1–2。

表1-2　全国和陕西城乡居民收入差距比较（单位：元）

	1990年		2000年		2012年	
	农村居民人均纯收入	城市居民人均可支配收入	农村居民人均纯收入	城市居民人均可支配收入	农村居民人均纯收入	城市居民人均可支配收入
全国	686	1387	2253	5425	7917	24565
城乡收入比	2.02		2.41		3.10	

续表

	1990年		2000年		2012年	
	农村居民人均纯收入	城市居民人均可支配收入	农村居民人均纯收入	城市居民人均可支配收入	农村居民人均纯收入	城市居民人均可支配收入
陕西	531	1265	1444	5124	5763	20734
城乡收入比	2.38		3.55		3.60	
咸阳	460	1136	1625	5812	7464	25758
城乡收入比	2.47		3.58		3.45	

1.2　研究意义

1.2.1　理论意义

（1）农村聚落体系重构研究有利于探讨社会经济转型背景下农村聚落体系的适应性转型规律

随着农业经济向现代化工业经济的转型，在传统农业经济条件下形成的农村聚落体系已不适应社会经济转型的需要。传统农业经济条件下，农村聚落相对较封闭，农民主要以农业收入为主，其主要活动区域集中在耕作半径范围内。随着工业化快速推进，农村劳动生产率大幅度提高，使得农村出现边际生产率较低的剩余劳动力，由于城市部门和农业部门边际收益的差距和城镇化的推动，农村劳动力向城镇大量转移，乡村人口大量减少；其次，交通条件大幅改善，工业化社会要求人流、物流的高效性，交通作为支撑人流、物流的基础，其重要性逐渐增加；再次，机械化程度的提高和交通方式的改善使得耕作半径进一步扩大。现状农村聚落体系格局是在农业经济条件下形成的，布局主要依赖于耕地分布，由于传统农业经济条件下耕作半径较小，且农村聚落布局具有较强的耕地指向性，因此，农村聚落紧密围绕耕地布局。而在现代工业化经济条件下，传统农村聚落体系格局已不能满足经济转型对交通的需要，乡村人口的大量减少也严重影响农民生活环境的改善和生活质量的提高，而耕作半径的扩大一定程度上降低了耕地分布对农村聚落格局的限制。在这样的背景下，农村聚落体系重构的研究有利于探讨现代工业化经济背景下，与社会经济转型相适应的农村聚落体系转型规律和方向，为适应社会经济转型、城乡全面稳定发展奠定基础。

（2）以咸阳市为例研究农村聚落体系重构有利于探讨欠发达地区不同类型区域的农村聚落重构模式

咸阳市地处陕西关中，毗邻西安，经济发展相对落后，在城乡发展方面具有西部欠发达地区的典型特征，以咸阳市为例研究农村聚落体系重构，有利于探讨欠发达地区农村聚落体系的重构模式。近年来，随着国家工业化和城镇化的快速发展，村庄人口外迁趋势明显。据第六次全国人口普查资料，咸阳市农村常住人口与户籍人口相差91.7万人，占农村户籍人口的23.8%。与第五次全国人口普查相比，农村户籍人口减少了15.7万人，农村常住人口减少了33.2万人。

咸阳市域地貌类型多样，地势北高南低，由南到北依次为泾渭冲积平原区、黄土台原区、黄土高原丘陵沟壑区和北部山区（图1-1）。对咸阳市域不同地形地貌区、不同发展路径的农村聚落体系重构模式进行研究，有针对性地提出适合于不同地形地貌区、不同发展类型农村聚落的重构模式，有利于分类指导其他区域的农村聚落体系重构，避免千篇一律，造成适应性不强的问题。

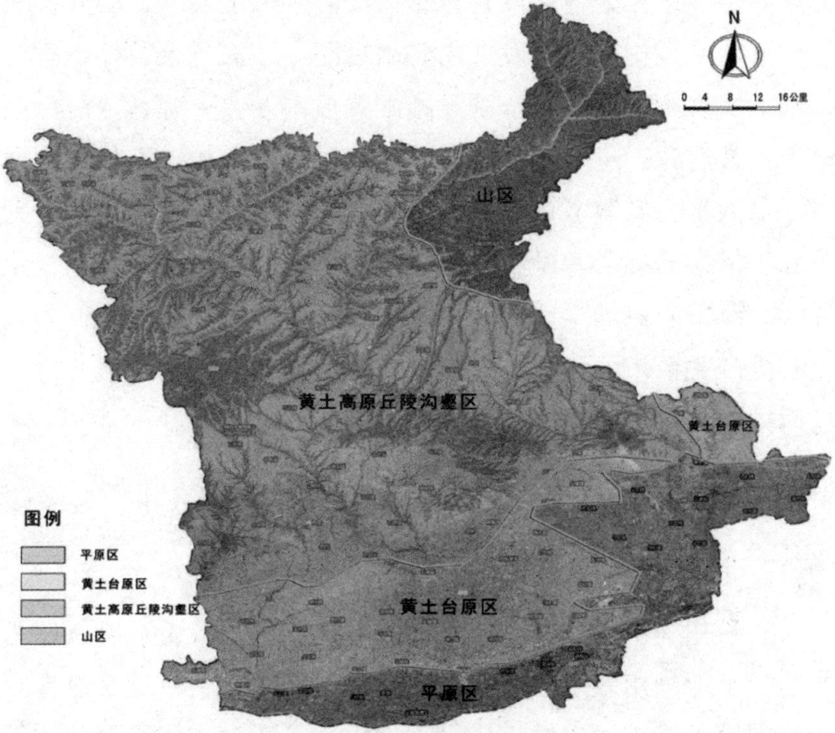

图1-1 咸阳市地形地貌类型图

1.2.2 实践意义

（1）农村聚落体系重构是提高基础设施配套水平，实现城乡基本公共服务均等化的必由之路

乡村人口持续减少是城镇化进一步推进的必然结果，要提

高基础设施水平、实现城乡基本公共服务均等化，必须使基础设施的人均成本下降到正常水平，且人口规模能够满足公共服务设施的门槛人口，而在现状农村聚落体系格局下，乡村人口大量减少和常住人口的散状分布无法满足以上要求，因此，农村聚落体系重构是农村发展的必由之路。在农村聚落体系重构基础上实现集中居住，基础设施配置成本才会下降，才能保证设施正常运营，进一步提高设施配套水平。同时，人口集中居住才能满足公共服务设施的门槛人口，才能为公共服务设施配置和正常运营提供基础，进而实现城乡公共服务设施的均等化目标，改善农民的生活环境，满足农民生活方式社会化、多元化和生产关系市场化对于设施的需求，提高农民的生活质量，进而推动城乡统筹发展。

（2）农村聚落体系重构是提高土地利用效率，缓解城市建设用地供需矛盾的有效方式

农村聚落人均建设用地面积大，且闲置和荒废现象较为普遍，土地利用效率相对较低，同时，城镇化的快速推进导致城市规模不断扩大，城市建设用地供需矛盾大。农村聚落体系重构能大幅度提高用地效率，实现节约集约用地，同时对搬迁或废弃的农村建设用地进行复垦，通过“城乡建设用地增减挂钩”政策，实现城镇用地和农村建设用地的指标置换，能够为工业化和城镇化挤出建设用地，缓解城镇发展的建设用地供需矛盾，实现城乡空间格局优化。

按照乡村人口估算，目前咸阳市人均农村居民点用地约为195平方米，按照人均80平方米标准进行调整，可节约用地44261公顷（约66万亩）。由此可见，农村聚落体系重构可节

约大量用地，不但能够提高土地利用效率、实现节约集约用地，同时，也能为城市的发展腾出空间。

1.3 研究视角及研究内容

1.3.1 研究视角

传统农村聚落的研究视角为未达到建制镇标准的集镇和村庄，本书考虑到建制镇对于农村聚落发展的重要影响[①]，将建制镇纳入农村聚落体系研究范围，以咸阳市为例，以镇域行政区划范围为基本单元进行研究。研究中，基于城乡统筹发展理念，从市域角度出发，将所研究的农村聚落置于市域整体范围内，分析农村聚落体系的重构模式，促进城乡统筹发展（图1–2）。

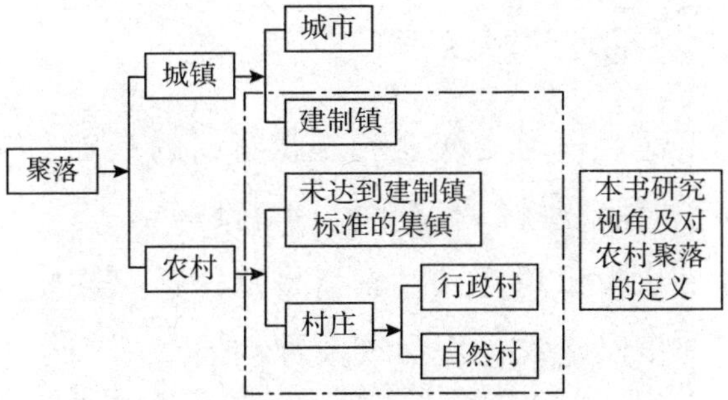

图1-2 本书研究视角

① 具体内容在第二章农村聚落概念中详细解释。

1.3.2 研究内容

（1）农村聚落的发展解析

在对农村聚落概念界定的基础上，构建农村聚落发展状态评价指标体系，以典型镇为例对农村聚落发展状态进行评价；从经济发展特征、地形地貌类型和距离城市的远近角度划分咸阳市农村聚落的发展类型；以典型镇调研资料和统计资料为基础，从村庄建设、人口规模、设施配套和土地利用等方面对咸阳市农村聚落存在的问题进行梳理和分析。

（2）农村聚落的职能和等级分析

在农村聚落职能和等级内涵解析的基础上，对咸阳市农村聚落现状职能和等级进行分析，明确影响农村聚落职能和等级的因素，参考中心地理论，进一步确定未来农村聚落的职能和等级体系。

（3）农村聚落的规模预测

在农村聚落规模历史演变和现状解析的基础上，对农村聚落总规模和各等级规模的影响因素进行解析，借鉴经济学的收益成本曲线，从理论角度探讨农村聚落的适宜规模区间和最佳规模，并进一步构建农村聚落规模预测模型。

（4）农村聚落的空间布局模式构建

通过对咸阳市农村聚落空间布局演变过程和布局现状的详细分析，总结不同地形地貌区农村聚落的演变模式和现状特征，分析影响农村聚落空间布局的因素和动力机制，并判断农村聚落的演变趋势，构建不同类型农村聚落的空间布局模式。

（5）农村聚落体系重构流程研究

根据农村聚落体系的三要素，即农村聚落职能、规模和空间布局分析，从实践角度提出农村聚落体系重构的具体流程，并以典型镇中的彬县新民镇为例进行实证研究，为在实践中指导农村聚落体系重构提供借鉴。

1.4 技术路线与研究方法

1.4.1 技术路线

本研究由“问题提出—理论基础分析—发展状态评价—体系重构理论探讨—体系重构实践流程”5个环节构成。首先，通过对研究背景和研究意义的分析，提出农村聚落体系亟需重构的研究命题，再通过国内外已有研究回顾和评述，确定该命题的研究价值和具体研究方向；其次，对农村聚落体系的相关概念和理论基础进行梳理；再次，对农村聚落发展状态进行评价；再次，从农村聚落体系的三要素，即职能、规模和空间布局角度，进行农村聚落体系重构的理论探讨；最后，基于实践操作的可行性，提出农村聚落体系重构的实践操作流程，并进行实证分析，技术路线如图1–3所示。

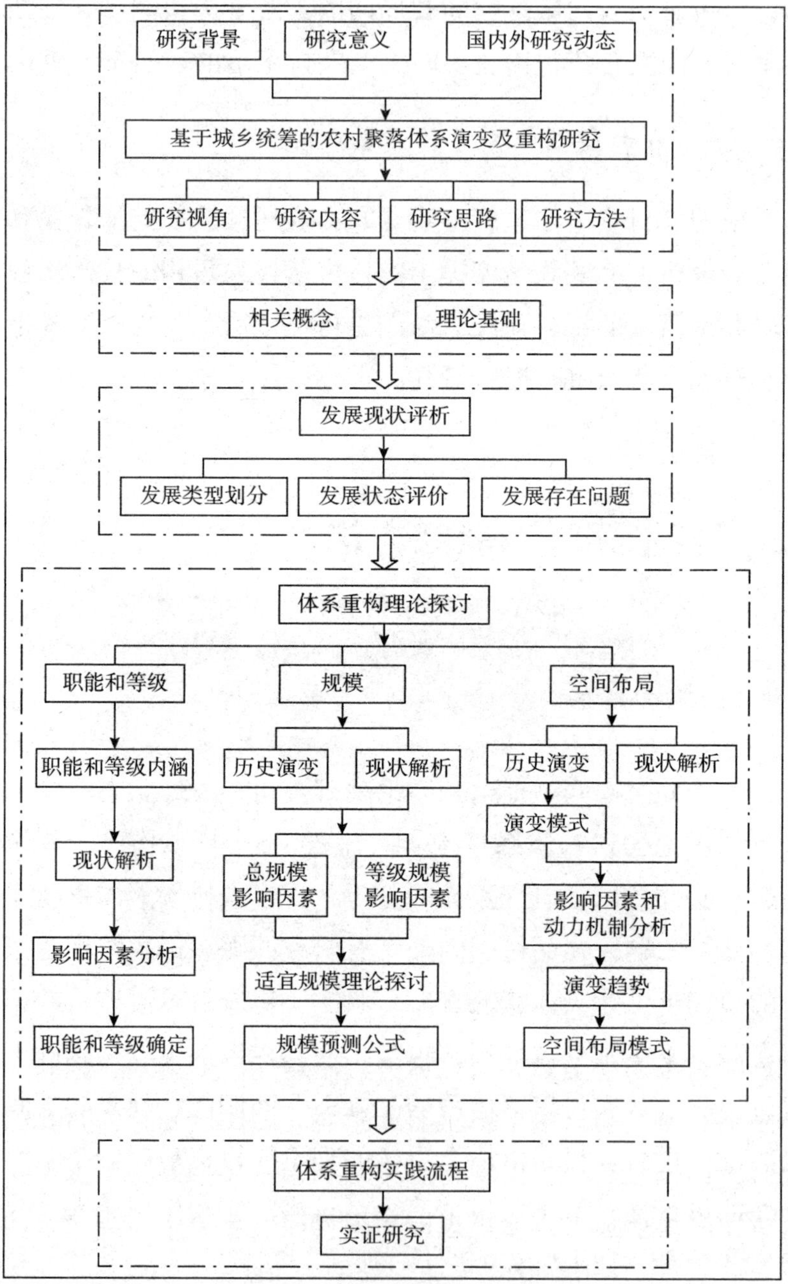
研究背景
研究意义
国内外研究动态
基于城乡统筹的农村聚落体系演变及重构研究
研究视角
研究内容
研究思路
研究方法
相关概念
理论基础
发展现状评析
发展类型划分
发展状态评价
发展存在问题
体系重构理论探讨
职能和等级
规模
空间布局
职能和等级内涵
历史演变
现状解析
历史演变
现状解析
演变模式
现状解析
总规模影响因素
等级规模影响因素
影响因素和动力机制分析
影响因素分析
适宜规模理论探讨
演变趋势
职能和等级确定
规模预测公式
空间布局模式
体系重构实践流程
实证研究

图1-3　研究技术路线图

1.4.2 研究方法

（1）获取资料方法

1）问卷调查、访谈及实际踏勘

通过问卷调查、访谈及实际踏勘获取资料，利用定量和定性方法对资料进行整理。调研分3个层级，首先对镇干部进行访谈，了解全镇发展现状和未来规划；其次对村干部进行问卷调查和访谈，内容涉及村庄基本信息、产业发展、人口流动、设施配置及使用、房地情况及村干部对未来村庄发展建议6项内容；最后对农户随机抽样进行问卷调查，内容涉及人口基本信息、人口流动、设施使用满意度、土地利用、新农村建设和对未来村庄发展建议6项内容。为了保证获取信息的可靠性，问卷调查采用研究人员口头叙述，被访者回答的半访谈方式进行。调研共发放村干部问卷106份，回收有效问卷106份，有效率为100%，发放农户问卷2050份，回收有效问卷1985份，有效率为97%。

为了保证调研农户的代表性，随机抽样农户包括普通农户和典型农户两类，通过普通农户的一般性和典型农户的特殊性可对农村实际情况进行全面掌握。首先，普通农户调查能够掌握农村的普遍情况。由于农村大多家庭情况类似，选择能够代表农村大多数家庭情况的普通农户调查能够掌握农村普遍情况；其次，选择有较大差异性和代表性的典型农户调查能够掌握农村差异情况。从从事产业类型和家庭基本情况角度选取的典型农户包括从事非农产业经营户、养殖户、农业种植大户、家中有子女上大学的家庭等。从居住区位角度选择的典型农户包括居住在过境路两侧、通村公路两侧、村庄内部、不同地形区、新农村、老村庄的农户。从居住房屋建筑角度选择的典型农户包括居住房屋建筑较新、较旧和居住在不同房屋结构的农户。

2）统计资料及图件资料收集

在问卷调查基础上，通过对咸阳市整体农村聚落统计资料及图件资料收集，为全面分析农村聚落体系提供基础。资料来源主要包括《咸阳市志》、《咸阳市统计年鉴》、《咸阳市村镇统计年报》、《咸阳市土地利用总体规划》、各县土地利用总体规划及典型镇总体规划等，部分图件资料来源于Google Earth。

（2）分析研究方法

1）理论与实证分析相结合

研究以克里斯塔勒的中心地理论和二元经济理论为基础，从理论角度对农村聚落职能、规模、空间布局等方面进行探讨，并在此基础上，提出实践中农村聚落体系重构的基本流程，将理论应用于实践，为解决实践问题服务。

2）定性与定量分析相结合

研究在定性分析基础上，应用统计分析、相关分析、主成分分析、层次分析等数学模型和GIS空间分析等定量分析方法，对农村聚落发展状态、影响因素和内在机理进行分析，为农村聚落体系重构提供基础。

第二章

国内外研究述评及相关概念和理论

2.1 国内外研究述评

2.1.1 国外研究动态

国外对农村聚落的研究始于19世纪，20世纪中期得到较快发展，根据其研究进程，大致可划分为四个阶段：

（1）描述阶段。从19世纪到20世纪20年代，研究主要集中在聚落与地理环境特别是自然环境的关系描述上，重点在于对实体的聚落房屋及与环境的关系研究上。

最早开始相关研究的是德国地理学家科尔（J.G.Kohl），他在1841年发表了《交通殖民地与地形之关系》，对从大都市到农村不同类型聚落进行比较研究，论述了聚落分布的状况与土地的关系，并着重说明地形的差异对村落区位的影响[1]。1895年，梅村（A.Meitzen）研究了德国北部的农村聚落，划分了聚落形态，探讨了聚落形成的因子，全面分析了聚落发展的过程和条件，初步提供了聚落地理研究的理论基础。1902年，路杰安（M.Lugeon）也分析了村落位置与地形、日光等环境的关系[2]。维达尔·白兰士（Paul Vidal de la Blache）是近代人文地理学的奠基人，研究了人与周围环境的联系。其学生布朗夏，也从事过与聚落地理有关的研究，著作包括《维佛莱地理研究》、《开拉斯之房屋》等，对房屋形式及建筑材料受地理环境的影响，以及聚落在空间上的分布等均有研究。法国地理学家白吕纳在其所著的《人地学原理》中系统论述了农村聚落和环境的关系，他认为不仅房屋位置受种种自然环境的影响，而且村落位置也同样受这些环境的影响[3]。

（2）发展阶段。从20世纪20年代到60年代，农村聚落研究逐渐兴起，各发达国家对农村聚落展开大量研究。该阶段农村聚落研究主要侧重于对村落的形成、分布、区位条件及类型等方面的描述，并且在理论研究上取得了一定进展。

1920年，法国地理学家德芒戎（Albert Demangeon）在《法国的农村住宅》一文中指出"确定和划分农村住宅类型，不要根据他们的物质，而要根据他们的内部布局，根据他们在人和物之间建立的关系，也就是根据他们的农业职能来确定。"1927年，他又出版了《农村的居住形式》，进一步强调农业制度、农业经济对居住形式的影响。1939年，他发表了《法国农村聚落的类型》，将村落类型分为长型村庄、块型村庄、星型村庄、趋向分散阶段的村庄，并分析了不同村落类型的形成与自然条件、社会条件、人口条件、农业条件之间的关系，用历史的方法研究农村聚落类型、分布和演变[4]。同时，法国索尔的《人文地理学基础》主要叙述了3类聚落，即农村聚落、城市聚落、从农村到城市的聚落[2]。

该阶段最为著名的研究成果当属德国地理学家克里斯泰勒的中心地理论。1933年，他发表了《南部德国中心地》一书，提出了著名的中心地理论，其对农村聚落的中心规划、居住区的空间体系和发展策略研究等提供了坚实的理论基础。

（3）定量研究阶段。从20世纪60年代到80年代，"计量革命"提出后，大量学者开始对聚落进行定量研究，从单一指标定量化到指标体系的建立，都大量运用了定量方法。此阶段研究强调人类决策行为对改变聚落分布、形态和结构的作用，且对不同环境下的聚落特点和类型进行了研究。

1963年，地理学家鲍顿（L.Burton）发起地理学研究的“计量革命”，此后，学者们开始大量运用计量方法对聚落进行研究。到20世纪70年代以后，聚落逐渐出现衰败现象，与此同时，城市飞速发展带来的环境问题逐渐突出，聚落研究被推到了高潮，相关著作不断增多。1968年，M.Chisholm在其《聚落和土地利用》一文中对不同区位的聚落及其土地利用特征进行了总结。

（4）人本主义研究阶段。随着人本主义思潮的兴起，在20世纪80年代以后，对于农村聚落的研究从以计量方法为主的空间分析逐渐向人本主义分析转变，学者们开始从经济学、生态学、社会学等各学科角度对聚落进行研究，研究趋向多元化发展。

日本的石田宽所著的《日本的乡村聚落》从聚落发展与经济发展的关系角度，研究了快速工业化和城镇化对农村聚落的影响，提出根据接近市中心的程度不同，村庄的变化也不同，特别指出人口减少对聚落的消极影响[5]。J.A.A.sillince对聚落政策进行了研究[6]，M.Bunce的《都市世界的聚落》[7]、H.L.Goodwin的《快速发展地区的农村聚居模式》[8]和Violette的《农业过渡时期的聚落》[9]都在快速城镇化的背景下，研究了农村聚落发展的空间结构和未来聚落的发展。90年代以后，农村社区、城乡关系和农村社会问题等成为聚落研究关注的焦点。1996年，D.R.Hall研究了农村人口迁移问题，提出其迁移过程中存在一定的不确定性。1998年，David Turnock研究了在社会经济转型时期，农村发展路径的多元化问题。Brendan

Mc Grath以农村地区的小汽车使用为切入点，研究了其与农村生活环境和生活质量之间的关系。2000年，Eva Kiss进一步研究了农村在社会经济转型时期的发展路径和模式。2005年，Vanessa Burholt和Dawn Naylor研究了老年人居住选址与聚落类型的关系[10-14]。

2.1.2　国内研究动态

（1）国内研究的历史演进

20世纪30年代，受西方学术界聚落研究的影响，国内逐渐兴起对农村聚落的相关研究。最初的研究是在调研基础上对农村聚落现状进行的描述。如李旭旦先生的《白龙江中游地区乡村聚落和人口之分布》[15]，陈述彭与杨利普的《遵义附近之聚落》[16]，严钦尚的《西康居住地理》[17]与朱炳海的《西康山地村落之分布》[18]，刘恩兰的《川西之高山聚落》[19]等。费孝通从社会学角度研究中国农民的生产生活体系与社会结构，出版了《江村经济》[20]和《乡土中国》[21]。新中国成立后，从50到80年代，由于政策制度的变动、人民公社化运动的实行和文化大革命等诸多原因，人文地理学研究也曾受到批判，因此，聚落研究没有大的实质性进展。80年代以后，人民公社制度的取消，农村土地制度的改革促进了农村经济的发展，农村聚落的研究逐渐受到重视，在李旭旦先生的倡导下，金其铭和李旭旦先生共同构筑了农村聚落地理研究的框架，他们发表了《江苏省农村聚落的整治问题》[22]、《江苏农村聚落的规模与布局》[23]等文章，1989年，金其铭出版了《中国农村聚落地理》一书，成为农村聚落研究的代表作。这一阶段的农村聚落研究包括农村聚落的演变、类型、特征、分布、发展以及规划等[24]。

90年代以后，城镇化的快速发展对农村聚落演变产生影响，农村聚落出现“空心化”等问题，再加之人本主义思潮的影响，对于农村聚落的研究逐渐趋于多元化。社会学、生态学、经济学、地理学、建筑学以及人类聚居学等多学科都从自己的专业领域和角度研究了农村聚落及其相关内容。

（2）不同类型农村聚落的研究

1）山区聚落的研究

不同类型的农村聚落中，山区聚落的研究相对较多。中国是一个多山的国家，全国山区（含丘陵和比较崎岖的高原）面积约占国土总面积的2/3，山区生态环境脆弱、用地紧张、社会经济发展落后、山区贫困问题突出，是发展的难点，也是广大研究者致力于探索的区域。陈宗兴和李瑛从宏观整体、村庄个体、住户单元3个层次分析了陕南乡村聚落体系的空间结构及演变规律[25]。沈茂英以岷江上游为例，提出“县城镇—中心镇（建制镇）—集镇—中心村—基层村（自然村）—散居村”6个层次组成的乡村聚落体系，他指出山区是我国经济社会发展的低谷区、城市化水平最低区，贫困人口、智障人口、文盲人口的集中区，“如果说，我国当前全面小康社会建设与和谐社会发展的难点在农村，那么，农村的发展难点则集中在山区”，他认为聚落持续发展是农村聚落追求的一种理想状态，并构建了聚落可持续发展管理的指标体系，重点研究了山区贫困问题[26]。雷清、苏维词以安顺市为例，研究了西南（岩溶）山区乡村聚落景观的建设。周振伦对贵州东南山区聚落和建筑文化进行了研究，指出应用设置保护区的方法保持山区传统聚落的原有风貌[27]。高延军以全国895个山区县为单元构建指标体系，从经济、环境、社会发展、基础设施4个方面对山区聚落的宜居性进行了研究，得出从东部、中部到西部省份，山区聚落宜居性呈明显降低趋势，其中陕西省处于宜居性有待建设的省份。从经济发展角度，影响陕西山区聚落宜居性的主要因素为人均第一产业发展状况、第二产业GDP、乡村人口人均粮食产量、农村劳动生产率；从环境角度，影响陕西山区聚落宜居性的主要因素为自然保护区面积占区域比重和水土流失面积占区域比重；从社会发展角度，影响陕西山区聚落宜居性的主要因素为劳动力平均受教育年限、贫困发生率和乡村人口就业率；从基础设施角度，劳动力人均农业机械总动力是影响宜居性的主要因素[28]。罗光杰等以贵州省为例，基于GIS技术对岩溶山区的聚落格局变化进行了研究[29]。徐明、惠怡安等分别从农村聚落的演变、分布、土地利用、生态修复等角度对陕北丘陵沟壑区的农村聚落进行了研究[30-32]。郭晓东等利用GIS技术对陇中黄土丘陵区的乡村聚落演变、现状特征等进行了研究[33]。

2）城乡结合部的农村聚落研究

在城镇化的快速推进下，城市规模不断扩大使得城乡结合部的各种矛盾逐渐突出。由于该区域规划和管理上的空缺导致其农村聚落环境的破坏、土地利用的混乱和景观特色的丧失。陈斌鑫对海盐县城镇周边的农村聚落形态现状进行研究，分别从村域范围、聚落范围和居住单元三方面进行了分析[34]。赵荣明对成都市城市边缘区乡村聚落的发展进行研究，提出3种发展模式，即工业园区模式，乡村旅游区模式和农业产业化模式[35]。李默研究了城市边缘区的乡村聚落景观特征和功能，提出了景观设计的内容和设计方法[36]。

（3）农村聚落不同方面内容的研究

1）农村聚落的空间特征研究

国内对于农村聚落空间特征研究主要集中在空间结构、空间分布和空间形态等方面。姜爱萍以苏南为例，研究了农村社会生活空间，从农村居民行为活动空间和生产生活空间角度将农村聚落空间划分为5种类型，包括社会交往空间、生产劳动空间、文化教育空间、市场贸易空间和家庭婚姻空间[37]。范少言和陈宗兴认为，农村聚落研究可以从宏观聚落整体到村庄个体，再到农户单元3个层次进行，研究重点应着眼于农村聚落的等级体系、位置和形态、腹地与规模、功能与与区划、用地组织与景观类型等方面[38]。随着GIS技术在地理学中的应用，马晓冬[39，40]、马利邦[41]、王广超[42]等利用GIS的空间分析方法，针对具体地区一个时间点或同一地区两个时间点或不同地区同一时间点，应用土地利用现状图、土地二调图、卫星遥感影像、地形图，通过空间关联指数、变差函数、景观形态指数等模型研究了具体地区的农村聚落规模、密度、形态及其空间分布特征[43]。

2）农村聚落的空间演变和影响因素研究

农村聚落的空间演变特征、影响因素和动力机制也是国内农村聚落研究较侧重的几个方面。尹怀庭和陈宗兴对陕西乡村聚落演变进行了研究，认为其演化趋势是院落、建筑有趋同化趋势，分散与聚集并存，村庄体系趋于完善[44]。范少言认为，引起聚落空间结构演进的主要动力是生产新技术的应用，且不同层次形态的聚落演化呈复合螺旋发展状态，农村居民心理对空间的需求影响村庄用地的布局形式[45]。郭晓东等从数量、规模和空间分布3方面，运用动态模型和GIS技术对乡村聚落的时空演变进行模拟，认为村落经历了数量增长、规模扩张、等级增多和空间分布上由疏到密的演变过程[45]。郑凯从村落、院落和建筑3方面对农村聚落的演变规律进行了探索[46]。张小林以农村地区社会经济变迁导致的农村聚落空间扩张与演变为研究重点，以苏南农村聚落为例，对农村聚落的演变、空间布局、影响因素和动力机制等进行了研究，并提出农村社会经济转型必然带来农村聚落的重构[47]。曾菊新以城乡统筹为背景，分析了中国农村聚落空间上的演进趋势[48]。

邢谷锐和徐逸伦认为，城市化对农村聚落演变的影响主要包括产业结构转型、城市用地扩张、城乡人口流动、基础设施建设及居民观念的转变，并将其演变类型分为主动型、被动型和消极型3类[49]。曾早早等对吉林省300年的农村聚落格局演变进行研究，提出平原区和丘陵台地区一直都是农村聚落密度最大的区域，认为影响农村聚落格局的主要因素包括自然地理条件、驻防、移民和政策[50]。任慧子等对广州省连州市的演变过程进行研究，认为乡村聚落建立和发展的影响因素包括自然地理条件、交通、移民、民族构成和经济发展等因素[51]。郭晓东等使用GIS技术对秦安县的乡村聚落演变特征进行分析，认为影响乡村聚落空间演变的因素包括自然因素和人文社会因素，其中，自然因素包括水源条件和地形地貌；人文社会因素包括人口变化因素、文化与家庭因素、经济因素、政策制度因素[52]。樊绯认为影响农村聚落选址的主要因素包括两大方面，即社会经济因素和自然因素，其中，社会经济因素包括人口、耕作半径、交通条件、经济发展水平、区位、基础设施和公共服务设施等，自然因素包括气候条件、水源位置、地形地貌、地质条件和生态环境[53]。李红波也利用GIS空间分析方法研究安徽省宿州地区的农村聚落分布特征，认为影响农村聚落分布的因素包括耕地分布、交通分布和中心城镇的分布[54]。

3）农村聚落转型与重构研究

随着工业化和城镇化的快速发展和社会经济的转型，农村聚落转型与重构也逐渐成为研究焦点，已有研究主要集中在农村聚落重构的特征、原因、内容、类型及重构一般模式。龙花楼等系统地从耕地和宅基地转型角度研究了农村聚落转型[55]。王勇等以苏州为例分析了苏南土地制度变迁原因和居住空间的转型，认为农村土地制度变迁推动了农村居住空间的演化[56]。李洪波分析了村落重构的类型、特征及原因，认为村落重构包括经济重构、社会重构和空间重构，村落空间重构类型包括政策性的村落重构和自发性的村落重构，其中，自发性的村落重构包括空壳村和空心村的重构、偏远型的村落重构和包围型的村落重构[57]。韩非等研究半城市化地区的农村聚落演变，提出半城市化地区的农村聚落重建是亟需解决的重大问题，并以北京市门头沟区为例，提出乡村聚落重建途径包括城镇化整理、迁建以及保留发展，发展模式包括农业专业村镇、农民新村和民俗旅游村[58]。王勇等对苏南乡村聚落的功能转型进行了研究，提出其经历了3次转型，由工业、农业、生活一体到工业与农业、生活分离，再到工业、农业、生活三者相互分离[59]。邢谷锐研究了快速城市化地区的乡村聚落空间重构体系，提出乡村聚落空间重构包括经济空间、社会空间和聚落空间，并从空间分布上将乡村聚落分为星状散点型、带状绵延型和块状集中型3种类型，并简单提出了重构的模式[60]。陈小卉认为乡村聚落重构的内容应包括重构乡村组织、重构乡村居民点、完善乡村经济、设施、文化网络等[61]。朱一中等对广州市增城市新塘镇进行实地调查，分析了城市边缘区的农村聚落转型的动因和问题，认为农村聚落转型的动因是城市扩张、经济发展、村镇规划建设和人口迁移[62]。周国华等对我国农村聚居演变的驱动力进行了分析，提出未来演变的趋势是农村聚居体系呈现开放化、网络化和城乡一体化，区位选择由原来的资源指向性转向设施依附型，规模趋向理性化，功能由均质化向异质化转变等[63]。

4）农村聚落空心化研究

随着农业生产效率的提高，农村产生大量剩余劳动力，年轻劳动力纷纷进城打工，造成农村聚落的空心化，引起学术界的广泛关注和深入探讨。对于聚落空心化的研究主要集中在空心化的形成机理、经历阶段、类型、分布特点及解决对策等方面。程连生等人将雷达模型应用于农村聚落空心化研究中，并对太原盆地的聚落空心化进行实证研究，认为农村聚落空心化主要受家庭经济收入、交通条件、社会文化和制度等因素影响[64]。王成新等人在对山东省的农村聚落空心化现状进行实地调研基础上，模拟了农村聚落空心化的演变过程，认为农村聚落离心力与向心力失衡、经济的迅速发展与观念的落后、新房建设的加快与管理的薄弱是导致空心化的内在动力[65]。龙花楼等研究了中国空心村的演变特征和动力机制，并针对城乡结合部和平原农区的空心村进行实证研究，划分了空心村的演化类型和阶段[66]。刘彦随等进一步发展了空心村演化的生命周期、动力学机制、代际演替空间模式等基础理论，为空心村的整治提供了指导[67]。

5）农村聚落与生态环境的研究

聚落与生态环境关系密切，直接或间接地进行着能量与物质交换。随着城市化的快速发展和对资源的过度开发，再加之人们对生态环境保护意识的缺乏，生态环境问题日益突出，从生态学角度对于农村聚落生态环境的研究日益增多，并提出了聚落生态学、聚落生态系统等概念。总的来说，国内已有研究主要集中在3个层面，即从单个农户庭院角度研究的“农村庭院生态系统”[68]、从农村聚落单体角度研究的“村落生态系统”[69-71]和“生态村”[72]、从整个农村地域生态环境来看的“村级农业生态系统”[73]。陈勇以聚落生态系统为研究对象，通过优化人类的行为决策，指导人们进行聚落生态建设[74]。刘邵权认为“农村聚落生态学是以农村聚落复合生态系统为研究对象，运用生态学的理论与方法，系统研究农村聚落的结构、功能及演替过程”[75]。周秋文等构建了农村聚落生态系统健康评价指标体系，将原来健康和不健康两个评价结果改进为5个等级[76]。陈永林和陈晓强研究了赣南新农村建设对农村聚落生态系统的影响，指出新农村建设优化了人居环境，发展了生态农业，同时也造成了环境污染、生物多样性的破坏和自然资源的分布不均等[77]。刘邵权等人研究了农村聚落的生态环境预警评价指标体系[78]。徐明对陕北丘陵区的农村聚落建设与生态修复关系进行了研究，提出农村聚落与生态环境同步发展的4种模式，即集聚发展模式、小流域发展模式、整体式发展模式和可持续发展模式。甘枝茂、查小春、裴新富等对陕北农村聚落的土壤侵蚀及防治对策进行了研究[79，80]。

6）农村聚落景观的研究

聚落景观是聚落的重要组成部分，反映了聚落独特的地域特征和文化内涵。

近几年，学者们从规划学、建筑学等角度对农村聚落景观的研究逐渐增多，主要集中在农村聚落景观的现状调查与设计[81, 82]、传统聚落景观的解析与保护[83]和农村聚落景观的演变[84]等方面。杨知洁从聚落与山水的关系、聚落内部和聚落周边环境3个方面对聚落景观进行了分析，认为目前乡村聚落景观存在缺少本土文化元素、对生态关注少等问题[85]。徐荣研究了传统乡村聚落景观的保护，提出应以原住村民为主体，从原有村落形态着手，以原有特色景观为载体构建乡村聚落景观[86]。

2.1.3　研究述评

（1）历史回顾和现状分析较多，新形势下农村聚落体系如何构建研究较少。大多数研究都将重点放在农村聚落发展的历史回顾、现状分析、动力机制和影响因素研究上，对农村聚落的发展模式和空间重构仅作了一般性展望，提出了依靠城市或产业发展的宏观发展模式，但对于农村聚落体系重构过程中，如何进行新聚落的构建研究较少[87]。

（2）欠发达地区的研究相对较少。已有研究及实践案例多集中在对东部发达地区的研究上，对于西部欠发达地区的研究相对较少。西部欠发达地区的农村聚落与东部发达地区相比，在农村聚落自身特征、经济发展、人口流动及设施配套等方面均有较大差距，其发展模式不能直接照搬东部发达地区的发展模式，应在借鉴其发展成功经验基础上，结合欠发达地区自身特性进行确定。

（3）分类型提出农村聚落体系重构模式的研究较少。已有研究大多只是针对于某一类型区域或几个区域提出农村聚落的发展模式，对于不同地形地貌区、不同经济发展类型等不同类型区域的对比研究较少，且在对比研究基础上，针对不同类型区域，分类型提出适合其特征的重构模式研究较少。

（4）对于农村聚落体系的系统研究较少，且理论研究进展缓慢，理论研究与实践的结合较少。已有研究大多针对农村聚落体系的某一方面进行探讨，并提出发展模式，对农村聚落体系各方面进行综合系统研究的较少，且研究中缺乏理论探讨，理论与实践相结合的研究较少。

（5）在城乡统筹的大背景下，进行农村聚落重构的研究较少。最新的研究成果大多还是在新农村建设的背景下对于农村聚落的研究，基本都是就农村论农村，对于城镇和农村的发展，没有在统筹的思想下进行研究，导致农村发展与城市发展的孤立，城乡差距不断扩大。

2.2 相关概念

2.2.1 农村聚落体系及相关概念

（1）农村聚落概念及与村庄的概念辨析

1）农村聚落的概念

聚落也称居民点，是人类居住、生活、休闲和进行各种社会活动的生活场所，也是进行劳动的生产场所，不仅包括房屋建筑物，还包括聚落内部的道路、休闲活动场所、河沟池塘及空闲地和农用地等[2]。聚落可分为农村聚落和城市聚落。农村聚落是指居民以从事农业生产为主要经济活动形式而形成的具有一定规模的聚居地[88]，包括村庄和未达到建制镇标准的集镇[89]，是农村聚落地理研究的对象。

本书对农村聚落的界定有别于传统农村聚落的概念。建制镇在传统聚落分类中被划归为城市聚落，而非农村聚落，我国设立建制镇的标准一般情况以非农人口规模超过2000人为依据，事实上，建制镇居住的人口仍有部分为农业人口或半农半工人口，同时，建制镇一般位于某一行政村，而其镇区与村庄并无明显界限，且建制镇与周围村庄联系紧密，是周围村庄的政治、经济中心和交通枢纽。因此，建制镇与村庄和集镇的关系非常密切，是农村聚落中不可分割的整体，对于农村聚落的研究，如果将建制镇排除在外，一定程度上也减弱了其研究意义。

综上所述，本书对于农村聚落概念的界定，参考村镇体系规划对于村镇进行整体研究的思想，延伸农村聚落所包含的范围，将建制镇纳入农村聚落，即农村聚落包括村庄、未达到建制镇标准的集镇和建制镇。

2）农村聚落与农村居民点、村庄等概念的辨析

农村居民点是农村聚落在地图上的一种表现形式。农村居民点概念的专业性较强，多用于地图学和土地利用研究等方面[88]，而农村聚落多用于地理学等其他研究方面。

村庄也称村落，是指农村居民居住和进行各种生产的聚居点①。村庄相较于村落应用更广泛，村落大多用于对早期的、

① 《村庄和集镇规划建设管理条例》（1993年）

具有一定历史或文化基础的村庄研究[88]，如古村落的研究。村庄不同于农村聚落，只是农村聚落的形式之一，农村聚落除包括村庄之外，还包括未达到建制镇标准的集镇，即一般镇，大多以乡的形式存在。

在我国，与村庄相关的常见概念包括行政村、自然村、中心村、基层村和村民小组等。行政村是从行政区划角度对村庄进行的划分，是中国最小的行政区划单元，以村委会为组织构建，是乡（镇）的下一级组织；自然村与行政区划无关，是行政村内部若干院落在空间上的集聚，各自然村之间具有一定空间距离，虽然随着村庄的发展，部分自然村建筑已相互连接，但仍然具有明确界限。自然村内部人际关系密切，而自然村之间人际关系相对疏远。自然村是对传统农村聚落的传承，其分布与过去的生产队组建有很大关系，自然村一般包括一个或几个村民小组；中心村是从发展角度划分的一种村庄形式，是若干个村庄中，发展规模较大，设施配置较为齐全，能够为周边村庄提供服务并具有一定辐射范围的村庄，中心村一般位于若干村庄的中心位置；基层村是在村镇规划中相对于中心村而言提出的，指除中心村之外的村庄，即中心村所辐射的其他一般村庄；村民小组是行政村之下方便进行基层组织管理的单元，但不是国家的行政单元。村民小组大多是过去的生产队，部分农村地区仍习惯将小组称为队。

（2）农村聚落体系概念

农村聚落体系是指在一定区域内，由建制镇、集镇和村庄等农村聚落为结点，组成的相互联系、相互影响，共同促进农村聚落协调发展的系统。体系中不同等级农村聚落承担不同职能，建制镇或集镇作为职能较高的中心地，为周边村庄提供货物和服务，构成一个良性运转的有机整体。

农村聚落体系的确定包括农村聚落职能、规模、等级和空间布局。农村聚落职能即其在农村聚落体系中所起的作用或功能分工；农村聚落规模一般包括人口规模和用地规模，由于用地规模可根据人均用地指标确定，因此，人口规模一般为研究重点；农村聚落等级即不同职能、不同规模农村聚落在体系中由高到低形成的层级；农村聚落空间布局即不同等级农村聚落在空间上的位置和相互关系。

农村聚落职能、规模、等级和空间布局之间有着严密的逻辑关系。其中，农村聚落职能一定程度上反映了农村聚落在体系中的领导作用，职能一经确定，其在体系中的地位和发展方向也随之确定，因此，在分析体系时应首先确定各农村聚落的职能，农村聚落职能的大小使其在体系中呈现一定的等级关系，即农村聚落的职能等级；其次，农村聚落职能的正常运营需要一定的人口规模作为支撑，农村聚落规模同样也大小不一，从而形成农村聚落的规模等级；最后，对不同等级的农村聚落在空间上的位置和相互关系进行合理布局。

在农村聚落体系现状分析和重构中，其职能、规模、等级和空间布局在确定上存在差异。第一，农村聚落体系的现状分析以克里斯塔勒的中心地理论为例。克里斯塔勒在确定中心地体系时，首先，用不同中心地的设施确定其中心地职能。其次，利用人口规模和电话门数共同确定中心地的职能大小，即中心性。再次，利用职能种类和中心性共同确定中心地等级。最后，确定不同等级中心地的空间布局模式（图2-1）；第二，农村聚落体系重构以本书研究为例。参考中心地理论中对于中心地体系的确定过程，在农村聚落体系重构中，首先需确定农村聚落所需职能。其次，确定与职能对应的职能等级，即为中心地理论中的等级体系。再次，根据公共服务设施的门槛人口，确定能保证各等级农村聚落职能正常运营的人口规模，此处，相当于只根据职能确定等级，规模等级与职能等级相同。最后，确定各等级的空间布局模式，并用总人口规模和最小人口规模进行验证和修订（图2–2）。

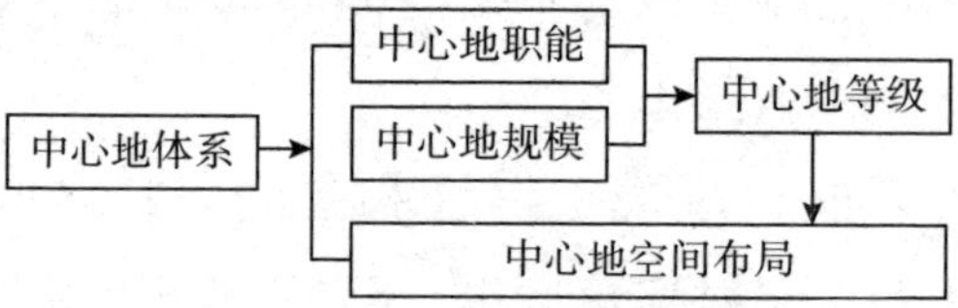

图2-1　中心地体系确定过程

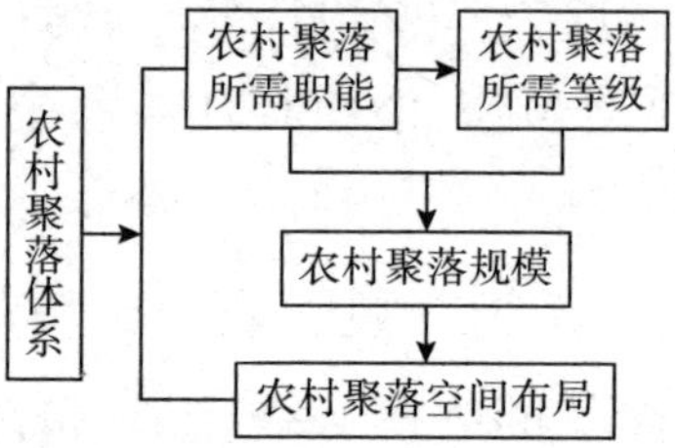

图2-2　农村聚落体系确定过程

2.2.2　城乡统筹概念

（1）城乡统筹

城乡统筹的思想最早由英国城市社会学家霍华德在《明日的田园城市》一书中提出，随后国外学者从各方面对城乡统筹进行了研究。在国内，统筹城乡经济社会发展的战略思路在党的十六大首次提出，因城乡统筹在我国正处于探索阶段，缺乏科学统一的内涵，国内学者也从多方面对城乡统筹进行了定义。姜作培提出城乡统筹即整体统筹规划农村和城市的各项发展，通盘考虑，综合研究农村和城市在社会经济发展各方面遇到的问题及其在发展中的相互关系，将其作为一个整体统筹解决[90]；高珊等提出城乡统筹即打破城乡二元结构，在发展中紧密联系农村和城市，并在发展机会和发展权利方面实现城乡平等，在社会主义市场经济体制下，努力构建平等和谐的城乡关系[91]。此外，还有学者分别从资源配置、城乡互动等方面对城乡统筹的概念进行了解释。

综合各方观点，提出城乡统筹较全面的定义：城乡发展应站在全局发展的高度，统筹规划农村和城市的整体发展；将农村和城市发展中遇到的各种问题进行多方面综合分析，结合农村与城市的相互关系，将其作为整体统筹解决；城市与农村的发展具有相互促进作用，在发展中，不但要发挥城市辐射带动农村的作用，还要发挥农村促进城市发展的作用，达到农村与城市、农业与工业的相互促进发展，实现城乡良性互动发展，构建平等和谐的城乡关系，最终实现城乡一体化发展。

（2）城乡一体化

早在19世纪中叶，城乡一体化思想已经成为西方国家社会经济发展的主导思想。在我国，直到20世纪90年代，由于城乡差距逐渐扩大，城乡矛盾逐渐突出，城乡一体化的研究才逐渐受到重视。因城乡一体化发展涉及多个方面的综合发展，因此，不同学科均从自己学科角度出发提出了对城乡一体化的理解。

经济学家认为城乡一体化是现代工业化经济发展对农业市

场化，工业和农业紧密联系的客观需求，是指统筹规划城乡经济发展，优化城乡生产力布局，加强城乡经济发展协作、分工和交流，实现城乡经济协调发展和经济效益的最大化；社会学者认为，城乡一体化是打破原有快速发展的城市和发展落后的农村之间的壁垒，改善其相互分割的状态，促进城乡生产力的合理布局和城乡生产要素的优化分配和合理流动，促进城乡社会经济的协调发展和紧密联系，逐步缩小城乡差距，直至城乡发展融为一体；生态经济学者认为城乡一体化是区域内的生态群落在空间上的合理分布，也是乡村和城市生活、生产空间的合理分布，城乡一体化并不是城乡发展成为没有任何差别的状态，而是乡村与城市之间没有制度和政策上的壁垒，是一种区域生态经济实现良性平衡的和谐状态[92]。

综合各方观点，城乡一体化是指从区域整体出发，实现城乡要素的合理流动，城乡资源合理聚集和扩散，缩小城乡差距，在社会经济发展上实现城乡互相促进，在职能上实现互补发展，达到城乡经济社会和生态环境的高度协作和可持续发展[93]。

（3）城乡统筹与城乡一体化的关系

城乡统筹与城乡一体化既有联系，又有区别。联系在于二者都认为应将农村和城市的发展进行统筹规划，应将其作为整体进行考虑，实现协调统一发展。区别在于从目的角度看，城乡统筹强调的是过程，是城乡发展的一种思路和实现方式，是用统筹的思想指导实践中城乡的发展；而城乡一体化强调的是结果，是随着生产力发展，城乡关系应达到的长远目标，是城乡发展最终要达到的境界。从方法论角度看，城乡统筹强调的是在保留城乡特色和自然特征基础上，城乡发挥相互促进和互补作用，最终实现城乡协调发展；而城乡一体化则强调要在缩小城乡差距基础上实现城乡共同发展。从实践角度看，城乡统筹是能够在城乡发展过程中进行直接指导的一种战略思想；而城乡一体化则是城乡关系发展的一种目标，可作为一种发展方向[94]。

2.3 理论基础

2.3.1 中心地理论

中心地理论包括德国地理学家克里斯塔勒的中心地理论和德国经济学家廖士的中心地理论，二者是研究农村聚落发展的重要理论基础。

（1）克里斯塔勒的中心地理论

1933年德国地理学家克里斯塔勒在其《德国南部的中心地》一书中首次提出中心地理论，成为城市地理学的重要基础理论之一。理论的前提建立在“理想地表”之上的均质区域内，并引入两个假设条件：①区域内每一点接受中心地辐射的机会是同等的，点与点间不管方向如何，其相对通达度仅与距离成正比，形成一个统一的交通面。②消费者和生产者均属于经济行为合理的人。即生产者都追求利润最大化，其间距尽可能最大，保证有最大的市场区已获取最大利润；消费者为了减少交通成本，选择在最近的中心地进行购物和享受服务。同时他提出了两个限制条件：①为了使商人利润最大化，各级货物或服务供应点数量必须达到最少。②区域内的每一个人口都能获得每种货物和服务[95]。

克里斯塔勒还提出了中心地、中心地职能、中心性、服务范围和门槛等概念。中心地即向周围地域（特别指农村地域）居民提供货物以及服务的地方；中心地职能即中心地所提供的货物或服务，中心地职能是分等级的；中心性即中心地职能作用的大小；服务范围即中心地提供的货物和服务的范围[95]，包括最大范围和最小范围，其中，最大范围即中心地的最大腹地，是消费者愿意去该中心地获取服务和货物的最大距离，最小范围即中心地的门槛，是维持中心地职能所必须满足的最短距离，或支持一项商业活动所必须的购买力[96]，低于此门槛，提供货物或服务的中心地就无法盈利，导致无法正常运营或破产。

克里斯塔勒的研究起初是在农村市场服务中心基础上进行的。首先提出圆形市场区，由于存在中心地服务不到的区域，进而修正得到六边形市场区，并提出K=3的市场原则、K=4的交通原则和K=7的行政原则三种中心地系统模式。他认为聚落是一个系统，聚落之间是有机结合的，且存在严格的规模等级区别，规模越大、等级越高的聚落，中心性越强，职能越复杂，腹地范围越大[97]。不同原则支配下的中心地数量、规模和分布都有严格的模式。对于各原则的使用条件，他提出市场原则多适用于开放且便于通行的地区，交通原则多适用于新开发的地区，行政原则多适用于客观上与外界隔绝的山间盆地地区[95]。并提出了三个原则共同作用下的中心地等级和数量。

（2）廖士的中心地理论

1940年，德国经济学家廖士基于经济学理论，通过数学推导方法同样提出市场区的最佳形式为六边形的中心地理论，不过其提出了一个更一般的中心地体系，他认为克里斯塔勒的3种K值是特殊情况，通过改变六边形的方向和大小可以得到不同的K值。并提出了城市密集和城市稀少扇面，即所谓的“廖士景观”，他指出交通系统在城市密集和城市稀少扇面并不相同，最繁忙的交通将通过城市密集扇面。

廖士和克里斯塔勒的中心地理论的不同包括：①廖士的假设基于“超额利润最小化”，由下至上进行中心地系统的推导，而克里斯塔勒基于“利润最大化”，由上至下进行中心地系统的推导；②廖士提出了克里斯塔勒3个取值之外不同的K取值，具有更大的灵活性；③克里斯塔勒提出同级中心地提供同样货物和服务种类和数量，职能类型相同，且高级中心地具有低级中心地的所有职能。而廖士认为同级中心地提供的货物和服务种类和数量相同，但职能类型可以不同，且高级中心地可以与低级中心地提供的所有职能不同，低级中心地也可提供高级中心地的职能；④交通布局体系不同。克里斯塔勒提出的交通系统在同级中心地布局相同。而廖士认为交通系统布局应因地制宜，城市密集区的交通网络应较城市稀少区更密集。前人认为克里斯塔勒的中心地理论更适用于解释第三产业的区位，而廖士的中心地理论更适用于解释第二产业的区位[98]。

（3）中心地理论对农村聚落重构的指导意义和缺陷

中心地理论是农村聚落演变的重要理论基础，揭示了不同聚落之间的关系，对于农村聚落重构具有重要的指导意义。一是聚落有严格的等级体系。中心地理论的核心思想即聚落等级体系，无论是克氏或廖氏理论均强调聚落是一个完整系统，聚落之间应有明确的等级，不同等级的聚落职能不同，规模也不同；二是高等级聚落提供的货物和服务种类和数量多、级别高，低等级聚落提供的货物和服务种类和数量少、级别低；三是高等级聚落对于低等级聚落具有辐射作用，为低等级聚落提供其本身提供不了的货物和服务；四是聚落的等级越高，数量越少，等级越低，数量越多；五是基于市场区的聚落有服务范围限制。在聚落重构中应确定聚落的最大服务范围，确保低级聚落能够被高级聚落完整覆盖。同时，应确定聚落的最低门槛，确保聚落的各项货物和服务能够正常提供；六是聚落之间的交通摩擦系数大小对各等级聚落的数量有较大影响。若交通不便则会增加低等级聚落的数量，若交通便利则会减少低等级聚落的数量，增加高等级聚落的中心性和影响力。

传统的中心地理论也有一定缺陷。一是理论的分析是基于某个时间剖面的静态系统，中心地结构的动态变化未能体现。农村聚落的重构是一个动态过程，中心地体系在动态条件下如何变化对于指导重构更具有意义；二是中心地系统是一个封闭的系统，忽视了系统与系统之间的相互影响，同时，系统内部同级中心地之间的横向影响也未能考虑。现实的聚落体系中，不只存在不同等级中心地之间及对于腹地的影响，系统内部的同级中心地之间、系统与系统之间也存在着一定影响，其对于整体等级体系的影响还需进一步研究；三是中心地理论形成中更多考虑的是市场的服务范围和门槛，对于设施服务范围和门槛并未考虑。设施的服务范围和门槛对于聚落重构也有较大影响。首先，中心地规模是否满足设施门槛直接决定着设施能否正常配置，设施的最大服务范围能否覆盖中心地的完整腹地，对于居民享受设施，提高生活质量，达到城乡基本公共服务均等化目标具有重要意义；四是中心地理论假设严格，现实与假设的相符程度不高，理论如何指导实践仍需进一步研究。首先假设前提是均质区域，而现实中并不存在均质区域，中心地理论应用中如何满足均质区域的假设，及不满足此条件对于应用的影响或如何变形是实践应用中需考虑的问题。其次，随着城镇化和工业化的快速发展，聚落演变的影响因素非常复杂，交通条件的改善、信息技术的发展和需求、人口的大量流动和迁移、人口需求的多元化等都对于聚落的重构具有重要影响，而理论上的中心地体系并未考虑其他因素的影响，为了提高农村聚落的重构模式的现实指导意义，对于中心地理论的应用应充分考虑现实存在的外界因素对重构的影响。

2.3.2　二元经济理论

二元经济结构是多数发展中国家的普遍现象。在新中国成立初期为了实现国家经济的快速发展，实行优先发展重工业的发展战略，利用价格剪刀差让农业为工业提供资本积累，农业和农村的发展受限。1958年，国家开始实行户籍制度，限制了城乡居民的自由流动和迁移，且将社会福利、劳动用工等多项制度和户籍制度挂钩，为城市居民提供住房、福利等保障和招工、上学等优先权，而农村居民不能自由流动，被束缚在土地上[99]。在国外，也有城市居民和农村居民之分，但是只是职业不同，不存在其他附加因素的限制。中国的经济运行模式和特有制度，使得农村居民的身份被赋予更多歧视性涵义。改革开放后，户籍制度放松，大量农村劳动力涌向城镇，农业发展落后，“三农”问题突出，城乡差距逐年扩大，中国典型的二元经济如何向一元经济转变成为重要话题。

二元经济理论认为发展中国家存在传统农业部门和现代工业部门两个部门，劳动力在两个部门之间的流动构成了经济发展的模式。未来农村劳动力向城市转移的模式和数量直接决定农村的发展方向和剩余人口，从而影响农村聚落的重构模式。若要对农村聚落进行长远规划，避免因短视而造成重复建设，就必须以劳动力达到平衡时农村的发展情况和剩余人口为基础，预测未来农村的发展方向。

著名的二元经济理论有刘易斯模型和在其基础上不断补充完善的拉尼斯-费景汉模型、乔根森模型和哈里斯-托达罗模型。其中，刘易斯模型和拉尼斯-费景汉模型被认为是古典主义模型，其建立在农业存在边际生产率为零的假设的基础上，认为农业中存在的剩余劳动促进了劳动力转移和经济发展；乔根森模型和哈里斯-托达罗模型被认为是新古典主义模型，二者均否认农业存在边际生产率为零的情况，认为农业中存在的剩余产品促进了劳动力转移和经济发展。

（1）刘易斯的二元经济理论

1954年，刘易斯发表了论述“劳动力无限供给条件下的经济发展”的论文，提出了他的二元经济模型。刘易斯模型是建立在一系列假设基础上的。首先，他假设发展中国家存在两个部门，即传统农业部门和现代工业部门，其中，传统农业部门的边际生产率为零，存在大量剩余劳动力，而现代工业部门劳动力生产率很高，吸纳传统农业部门转移出来的剩余劳动力；其次，他认为现代工业部门吸纳劳动力的速度与其投资和工资水平成正比，假设工业部门的投资完全取决于资本家，资本家会将所有利润用于投资，并假设工业部门的实际工资保持不变，且至少比农业部门仅能维持生存的工资高30%，此时，农业劳动力会向工业部门无限供给。

由于传统农业部门的边际生产率为零，而现代工业部门的边际生产率大于零，在工业部门相对较高的工资水平下，农村劳动力向城市工业部门无限供给。假设最初工业部门的资本固定，根据报酬递减规律，随着劳动投入量的增加，工业部门的劳动边际生产率会逐渐降低，根据利润最大化原则，工业部门将吸纳劳动力直到劳动边际产出等于工业实际工资为止，此时，资本家将所获得所有利润用于投资，资本投入量的扩大带来劳动生产率的提高，进一步增加就业岗位，提高了工业部门的雇佣量，如此循环：将利润进行投资→资本量扩大→劳动生产率提高→劳动雇佣量增多→利润增加→利润再投资，直到农业部门的剩余劳动完全被工业部门吸收，之后，劳动力不再是无限供给，工业部门若需再吸收劳动力必须提高工资水平，与农业部门竞争。

刘易斯的二元经济理论有其不足之处。刘易斯模型建立在城市充分就业的基础上，事实上，发展中国家的城市存在大量失业情况；他还假设工业部门的实际工资不变，实际上发展中国家的工资随着时间的推移不断上升；他还假设农业部门的边际生产率为零，这也与实际不符。

（2）拉尼斯–费景汉模型

1961年，拉尼斯和费景汉在刘易斯模型的基础上进行了扩展，更加清楚地阐述了劳动力的转移过程。他们将农业中的剩余劳动力分为两部分，一部分农业边际生产率为零，一部分农业边际生产率虽然大于零，但小于农业部门平均产量。

拉尼斯-费景汉模型将经济发展分为3个阶段：第一阶段，工业部门吸收的是农业部门中边际生产率为零的劳动力。此时，劳动力无限供给，当农业部门边际生产率为零的劳动力流入工业部门后，农业总产量不受影响，而一部分农业劳动力的流出会使农业部门产生农业剩余，它正好能够满足那部分转移到工业部门的劳动力的粮食需求，因此，工业部门的工资水平和农业部门的人均收入均保持不变，当农业中边际生产率为零的剩余劳动力转移完后，第一阶段结束；第二阶段，工业部门吸收的农业部门中边际生产率大于零、但小于农业部门平均产量的劳动力，此时，在农业生产率不变的情况下，农业部门劳动力流出→农业产量下降→粮食价格上涨→工业部门工资提高→工业部门劳动供给成本上升，以此类推，劳动力转移越多，工业部门的成本上升越多，导致工业部门未完全吸收完农业部门的剩余劳动力就被迫停止。因此，若农业生产率与工业生产率同步提高，这一部门劳动力转移就不会造成农业产量下降，也不影响农业剩余的产生，工业部门便会将这部门剩余劳动力完全吸收，经济发展进入第三个阶段；第三个阶段，农业剩余全部被工业部门吸收，农业部门和工业部门的工资水平完全由其边际生产率决定，当工业和农业的边际生产率相等时，二元经济实现一元化。

拉尼斯-费景汉模型也有其不足之处。与刘易斯模型一样，拉尼斯-费景汉模型认为在经济发展的初期农业边际生产率为零，与实际不符；其次，模型很大程度上是封闭的，未能考虑外界贸易等的影响。

（3）乔根森模型

乔根森在刘易斯模型和拉尼斯-费景汉模型之后，创立了新的二元经济理论，其否认刘易斯等古典主义提出的农业存在边际生产率为零的假设，及低于实际工资的无限劳动力以及农业、工业工资水平不变的假设，其将农业剩余作为劳动力顺利转移的物质基础，而非古典主义提出的农业剩余劳动力，因此，被称为新古典主义。

乔根森假设农业部门中无资本积累，农业产出只与劳动和土地有关，土地假定是不变的，则农业产出是劳动的函数。而工业产出与资本和劳动有关，假设两个部门的产出均随时间而自动增长，且在两个部门，技术进步被认为是中性的。在此假设基础上，乔根森认为当农业的人均产出增长率大于人口增长率时，就会出现农业剩余，农业剩余的产生使得一部分劳动力从土地上解放向工业部门转移，只要有农业剩余，农业劳动力就会不停地向城市工业部门转移。他否认工资不变的假设，认为两个部门的工资水平取决于部门的资本累积率和技术进步率，工资水平是不断上升的。他提出农业劳动力持续向工业部门转移的原因不是农业中存在剩余劳动力，而是消费需求结构的变化导致的，人们对于粮食的需求是相对有限的，但对于工业部门生产的工业品需求却是相对无限的。

乔根森对于农业部门的认识较古典主义更加深入，且认为工资是变化的，是不断上升的，与实际更加符合，但也存在一些不足。其假设农业部门中无资本积累，但事实上资本对于农业部门是一个非常重要的因素；其次，他同刘易斯等一样也忽视了服务业的影响。

（4）托达罗模型

托达罗和乔根森一样，也否认农业中存在边际生产率为零的劳动力，他的基本观点是劳动力转移的原因是人们对城乡预期收入差异的反应，而不是对城乡实际收入差异的反应。他将城市失业问题引入，并提出了“非正规部门”，将前三个模型中的两个部门引申为农业部门、城市非正规部门和城市正规部门三个部门。他认为即使城市存在大量失业，但只要受到城乡收入差异的吸引，农村劳动力就会由农村向城市流动，因为他会在农村和城市各个所能得到的就业岗位中选择一个预期收入最高的部门进行就业，而预期收入决定于实际收入和成功获得就业机会的概率。若是在市场经济下，当农业部门工资与工业部门工资相等时，便不存在城乡劳动力的流动，但若城市工资由制度决定，城市实际工资便高于市场经济下城乡劳动力均衡时的城市工资，城乡工资存在差异，便会吸引农村劳动力向城市流动，由于农村劳动力文化程度普遍偏低，刚进入城市就在城市正规部门找到工作的机会较少，因此，农村劳动力更多地进入城市非正规部门，当达到均衡时，一部分劳动力在农业部门，一部分劳动力在城市正规部门，剩余的劳动力失业或在城市非正规部门就业。

当城市创造1个就业机会，受预期收入判断的影响，会有2–3个劳动力转移到城市，一定程度上增加了城市失业，同时，农业劳动力的大规模转移也造成农村劳动力的短缺和农业的荒废[100]。因此，要实现经济均衡发展，不能单纯靠增加城市就业，应从制度政策着手，打破重城市轻农村的发展思路，应将农村和城市发展放在同等重要的位置，做到城乡协调发展，缩小城乡工资差距，将城乡预期收入差距降下来，减缓农村劳动力向城市流动的盲目性。

第三章

农村聚落发展评析

农村聚落发展评析从发展类型划分、发展状态评价和发展存在问题三个角度，结合实际调研资料和数据，全面评价分析了农村聚落的发展现状，为农村聚落体系重构奠定基础。

3.1 农村聚落发展类型划分

在多种因素影响下，农村聚落也呈现多种类型，不同类型的农村聚落特征和发展路径不同，不能一概而论，因此，应对农村聚落进行类型划分，针对不同类型农村聚落提出重构模式。

国内外关于农村聚落类型划分研究相对较多。国外相关研究从农村聚落形态、位置、规则度、集聚度等角度对农村聚落类型进行划分。法国地理学家德芒戎将村落类型分为长型村庄、块型村庄、星型村庄和趋向分散阶段的村庄[4]。克里斯塔勒将村庄划分为不规则型和规则型，其中，规则型又分为线型、街道型和庄园型[116]。希尔（M Hill）则将农村聚落划分为随机型、线型、规则型、集聚型、高密度型和低密度型等[101]。国际地理联合会也曾经提出4个基本标准用于划分农村聚落类型，包括起源、形态位置、功能及未来发展；国内农村聚落类型划分主要从农村聚落形态、区位、规模、经济发展、农户兼业行为等角度进行研究，其中研究最多的是从农村聚落形态角度划分类型。马晓冬等从聚落形态角度将江苏省农村聚落划分为团块型、弧带型、条带型、宽带型、散点型等[40]。刘灵坪从农村聚落区位角度将其划分为沿河聚落、平坝聚落和山麓聚落[102]。马利邦等从农村聚落规模角度将农村聚落划分为大聚落、中等聚落、小聚落和独院聚落[103]。潘娟等从农民兼业类型角度将农村聚落划分为非农主导型、农业主导型和农工兼具型[104]。

本书参考已有研究，从农村聚落经济发展特征、地形地貌、与城市距离远近、农村聚落群体和单体形态角度划分农村聚落类型。由于地形地貌特征划分不能保证行政界限的完整性，因此，具体农村聚落的类型划分应在农村聚落发展现状基础上，综合分析以上类型，并结合农村聚落未来发展方向进行确定。

3.1.1　按照农村经济发展特征划分

（1）指标体系构建及划分标准确定

农村聚落体系重构的根本目的是促进农村经济发展，而农村经济发展类型也直接影响着农村聚落的发展方向。产业作为农村经济发展的重要载体，是对农村经济发展状况的最直接反映，从事不同产业的劳动力比重也反映了农村经济发展的特征。因此，本书选取第一产业产值占国内生产总值比重、非农产业从业人员占农村劳动力总数比重作为划分类型的指标。

参考已有研究的划分标准[104]，将农村聚落划分为农业主导型、兼业型、非农主导型和均衡发展型（表3–1）。其中，农业主导型农村聚落中从事第一产业的劳动力比重大，且非农产业发展缓慢；兼业型农村聚落中从事非农产业的劳动力比重较大，非农产业有一定发展，但产值相对较小；非农主导型农村聚落中从事非农产业的劳动力比重大，非农产业发展较快；均衡发展型农村聚落有两种情况，一种为从事非农产业的劳动力比重小，但第一产业产值所占比重也较小，此类农村聚落非农产业较为发达。另一种为从事非农产业的劳动力比重大，但第一产业产值所占比重也较大，此类农村聚落人口外出务工情况较为普遍，但农村聚落非农产业发展较为缓慢。

表3-1　按照农村经济发展特征划分的农村聚落类型和划分标准

类型	划分标准
农业主导型	第一产业产值占国内生产总值的比重>40% 非农产业从业人员占农村劳动力总数比重<50%
兼业型	20%<第一产业产值占国内生产总值的比重<40% 非农产业从业人员占农村劳动力总数比重>50%
非农主导型	第一产业产值占国内生产总值的比重<20% 非农产业从业人员占农村劳动力总数比重>55%
均衡发展型	第一产业产值占国内生产总值的比重较小，但非农产业从业人员占农村劳动力总数比重也较小；或第一产业产值占国内生产总值的比重较大，但非农产业从业人员占农村劳动力总数比重也较大。

（2）划分结果

根据类型划分指标体系，以咸阳市农村聚落为例，以区县为单位对农村聚落进行划分，在实际划分中，部分区县类型界定参考实际发展情况进行了适当调整。

咸阳市各县农村经济发展差距较大，适合应用上述指标体系进行类型划分。各县第一产业所占比重和非农产业从业比重的标准差较大，分别为17.2%和9.7%（表3–2），说明各县经济发展差异较大。第一产业产值占国内生产总值比重最大的为淳化县、永寿县、礼泉县和泾阳县，其次为武功县、长武县、彬县、乾县、旬邑县、三原县，最小的为位于市域南部的秦都区、渭城区、兴平市；非农产业从业人员所占比重最大的为秦都区、渭城区、兴平市、武功县、泾阳县、永寿县，其次为长武县、彬县、乾县、旬邑县，再次为淳化县，最小的为三原县和礼泉县（表3–3）。

表3-2　咸阳市各县的农村经济发展指标均值和标准差

	第一产业占国内生产总值的比重	非农产业从业人员占农村劳动力总数比重
均值	30.9%	51.07%
标准差	17.2%	9.7%

表3-3　咸阳市各县农村经济发展情况

		包含的县区
一产产值占国内生产总值的比重	>40%	淳化县、永寿县、礼泉县、泾阳县
	20%–40%	武功县、长武县、彬县、乾县、旬邑县、三原县
	<20%	秦都区、渭城区、兴平市
非农产业从业人员占农村劳动力总数比重	>55%	秦都区、渭城区、兴平市、武功县、泾阳县、永寿县
	47%–54%	长武县、彬县、乾县、旬邑县
	40%–46%	淳化县
	<40%	三原县、礼泉县

根据各县农村经济发展情况，将农村聚落分为农业主导型、兼业型、非农主导型和均衡发展型4类（表3–4、图3–1）。第一，农业主导型包括淳化县和礼泉县。其农业发展基础较好，以种植苹果为主，从事农业的人口比重较大。第

二，兼业型包括永寿县、旬邑县、长武县、彬县、乾县和武功县。该类型农村聚落的农业发展基础也相对较好，但比农业主导型稍差，且外出务工比例相对较高。其中，彬县第一产业产值比重虽小于20%，但其与秦都区等南部县区第一产业产值比重小于20%的情况不同，彬县主要由于煤炭产业产值较高所致，根据实际调研，彬县农民主要以外出务工和从事农业为主，因此，将其划入该类。第三，非农主导型包括秦都区、渭城区和兴平市，均位于咸阳市南部的渭河冲积平原区，且靠近咸阳市中心城区。该类型县区发展受城市影响较大，农民主要以外出务工为主，且由于距离城市中心城区较近，就近择业现象较为突出，随着城市扩张，部分农村聚落正逐渐实现城镇化。第四，均衡发展型包括泾阳县和三原县，其位于泾河冲积平原区，农业发展基础较好，且距离城市较近，发展较为均衡。三原县从事非农产业人员占农村劳动力总数比重小于40%，说明其农业从业人员较多，三原县农业发展主要以种植大棚蔬菜和粮食为主，蔬菜产值占农业总产值的66%。县内工业较为发达，第二产业产值占国内生产总值比重达到49%，因此，第一产业产值所占比重仅为34%，农民在县内企业务工人数相对较多，发展整体较为均衡；泾阳县农业产值所占比重较高，大于40%，但其非农产业从业率也较高，达56.5%，农业主要以种植蔬菜和粮食为主，蔬菜产量较大，发展较为均衡。

表3-4　　咸阳市按经济发展类型划分的农村聚落类型

类型	包含县区
农业主导型	淳化县、礼泉县
兼业型	永寿县、旬邑县、长武县、彬县、乾县、武功县
非农主导型	秦都区、渭城区、兴平市
均衡发展型	泾阳县、三原县

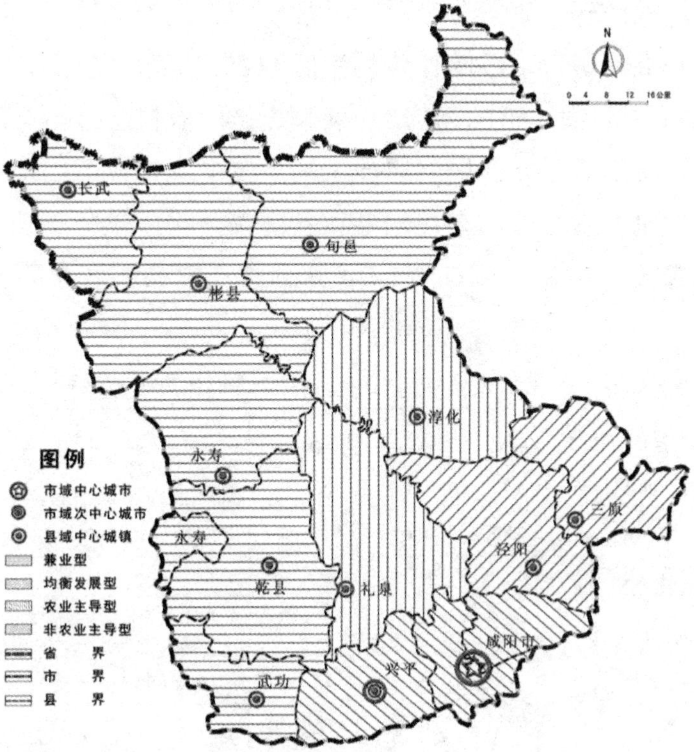

图3-1　咸阳市按经济发展类型划分的农村聚落类型空间分布

3.1.2　按照地形地貌类型划分

不同地形地貌区的自然条件、用地条件、农村聚落特征和社会经济发展情况等差异较大，对于农村聚落体系重构的影响也较大，因此，按照地形地貌类型划分农村聚落类型是重构农村聚落体系的基础。结合咸阳市的地形地貌类型，将农村聚落分为平原聚落、丘陵沟壑聚落和山区聚落3种类型。其中，平原聚落主要分布在平原区和黄土台原区，其用地完整且地质条件优越，发展不受地形和用地条件限制；山区聚落自然条件差、用地破碎、聚落分布分散且规模小，发展受地形限制大；丘陵沟壑聚落包括位于丘陵沟壑区的农村聚落和位于黄土原面区的农村聚落。其中，位于丘陵沟壑区的农村聚落与山区聚落相似，位于黄土原面区的原面中间位置的农村聚落用地相对完整，但原面边缘被沟壑切割导致农村聚落用地较为破碎，且不同原面之间的农村聚落受沟壑自然切割影响，联系不便（表3–5）。

表3-5　　咸阳市按照地形地貌划分的农村聚落类型

类型	地形地貌	涵盖范围	特征
平原聚落	平原区、台原区	秦都区、渭城区、兴平市、武功县、三原县、泾阳县、礼泉县	平原区地势平坦；台原区有明显的台坎和平坦的台面，与平原区以陡砍相接
丘陵沟壑聚落	丘陵沟壑区	长武县、彬县、旬邑县、淳化县、永寿县	地形破碎
	黄土原面区		原面中心平坦、用地相对完整、地形较为完整、周围被沟壑纵横切割、地形破碎
山区聚落	山区	旬邑县马栏镇、淳化县爷台山等	地势高、坡度大

3.1.3　按照距离城市远近划分

与城市的距离包括与大城市的距离和与县城的距离两类。

根据农村聚落受大城市的影响大小将其划分为大城市近郊型、影响型和远郊型3类。与大城市的距离远近影响农村聚落整体的经济发展水平、发展方向和农村聚落的常住人口规模等。大城市近郊区的农村聚落受大城市的影响大，经济发展水平较高，且从事非农产业的农民可选择就近就业，因此，常住人口规模较大，宅基地空置和废弃现象较少，农村聚落密度大且规模大；大城市影响区的农村聚落发展较为均衡，一般服务于大城市，发展乡村旅游或设施农业等，作为大城市的后花园和补给区；大城市远郊区受大城市的影响较弱，农村聚落发展相对落后。

根据农村聚落距离县城的远近可分为近郊型和远郊型两类。与县城的距离远近也影响农村聚落的建设和发展路径，近郊型农村聚落趋向城镇化，常住人口比重相对较高；远郊型农村聚落乡村性更强，发展水平相对较差（表3–6）。

表3-6　按照距离城市远近划分农村聚落类型

按照距离大城市的距离划分	按照距离县城的距离划分
近郊型 影响型 远郊型	近郊型 远郊型

3.1.4　按照农村聚落群体和农村聚落单体形态划分

按照农村聚落群体形态可将农村聚落分为随机型、均匀型、四周型、串珠型、分散型和不规则散乱型6类。随机型和均匀型农村聚落主要分布于平原区等地势平坦地区；四周型是针对于镇域行政范围而言的分布类型，为了保证耕地完整性，农村聚落分布于镇域四周，使得镇域中心呈中空形态的分布类型；串珠型是农村聚落群体沿河、道路或山脚线布局形成类似于“绳串珠”形态的分布类型；分散型主要分布于丘陵沟壑区和山区受地形限制较大的区域，农村聚落呈现分散分布状态；不规则散乱型为受地形等条件限制或为了沿河流、道路、山脚线分布，导致聚落群体内部的单体与单体之间无明显界限的分布形态，咸阳市黄土原面区的农村聚落群即为此种分布形态。

按照农村聚落单体形态可将农村聚落分为团块型、不规则型、带型和弧圈型4类。团块型一般为平原区、台原区的农村聚落单体形态；不规则型农村聚落单体主要分布在丘陵沟壑区和山区，受地形条件限制所致；带型农村聚落单体即沿道路、河流或山脚线呈带状分布的聚落形态；弧圈型农村聚落单体主要分布在黄土原面的边缘地带，其边缘受沟壑切割破碎，农村聚落分布沿切割边缘分布，呈现弧圈状[①]。

表3-7　按照农村聚落群体和单体形态划分农村聚落类型

按照农村聚落群体形态划分	按照农村聚落单体形态划分
随机型或均匀型	团块型
四周型	不规则型
串珠型	带型
分散型	弧圈型
不规则散乱型	

3.2 农村聚落发展状态评价

3.2.1 评价的研究基础

农村聚落发展状态评价即通过定性或定量方法对农村聚落发展现状进行分析的过程。关于农村聚落发展状态评价研究较多的是以新农村建设为基础的评价指标体系构建和以龙花楼、刘彦随等为代表的乡村发展及转型评价。

以新农村建设为基础的评价主流观点是将新农村建设的“20字方针”作为农村发展目标，从其对应的5个方面构建评

① 农村聚落群体及单体形态详细特征、分布及对应类型图件在第六章农村聚落空间布局现状解析中进行了详细分析，此处避免重复，不再赘述。

价指标体系，以反映农村发展状态。李虹等基于“20字方针”的生产发展、生活富裕、乡风文明、村容整洁和管理民主提出了村级新农村建设评价指标体系，并运用特尔斐法对案例村进行了评价[105]；张磊也从以上5方面构建了指标体系，并运用层次分析法对其进行了进一步分析[106]；王富喜提出从生活质量、人口素质、经济发展、社会发展和环境状况5个方面构建指标体系，运用均方差权值法赋权重评价农村发展水平[107]；朱孔来认为指标体系的构建应分级别进行，不同级别的指标类型侧重点和指标数量有较大差异，指标筛选可利用主成分分析法实现[108]；冯旭芳等从经济、社会和环境3方面构建了评价指标体系[109]。

近几年，以龙花楼、刘彦随为代表的一系列学者认为我国乡村正处于转型期，基于乡村转型提出一系列乡村发展评价指标体系，对现阶段我国农村发展具有较强指导意义。其中，杨忍等构建了农村发展状态评价指标体系，并运用因子分析法对全国以省为单位的农村发展状态进行了评价[110]；龙花楼等提出乡村性的概念，即反映乡村发展的程度，并构建了乡村性指数及评价指标体系[111]；龙花楼等还提出乡村转型度、乡村发展度和城乡协调度等指标，其中，乡村发展度从农业生产、乡村经济和社会发展3方面构建了乡村发展状态的评价指标体系[112]。

已有研究多集中在发达地区，且指标体系构建多集中在省、市、县级，少数也有基于实证调研以村级为单位进行指标体系构建，但针对于镇域层面的研究相对较少，且针对于欠发达地区镇域层面的实证研究更少，因此，本书参考已有新农村建设及农村发展状态研究指标体系，以咸阳市5个典型镇的镇域农村聚落调研资料为基础，构建农村聚落发展状态评价指标体系。

3.2.2 评价指标体系构建

农村聚落发展状态评价是农村聚落重构的基础，本书基于已有研究，选取反映农村聚落发展状态的13项指标构建指标体系。评价指标主要从农村聚落存在的问题和农户视角选取，旨在从农村聚落实体及农户感知角度反映农村聚落发展现状，为农村聚落体系重构提供基础。评价指标创新性地融入了从农户视角的评价指标，强调农村聚落发展的好坏应以居住在其中的农民为主要反映对象，更能体现农村聚落主体人的重要性。指标体系包含13项指标，即常住人口比重、人均住房面积、农民房屋质量指数、建房年限、院落空置率、耕地撂荒比重、对外交通满意度、村内道路满意度、用水保障度、教育设施满意度、医疗卫生设施满意度、文体设施满意度和商贸设施满意度（表3–8）。

表3-8 农村聚落发展状态评价指标体系

指标层	计算方法	指标说明
常住人口比重	农村常住人口/农村户籍人口	正指标
人均住房面积	平均值	正指标
农民房屋质量指数	混合结构以上建筑面积/总建筑面积	正指标
建房年限	平均值	逆指标
院落空置率	空置院落户数/总户数	逆指标
耕地撂荒比重	耕地撂荒面积/耕地总面积	逆指标
对外交通满意度	满意农户数/农户总个数	正指标

续表

指标层	计算方法	指标说明
村内道路满意度	满意农户数/农户总个数	正指标
用水保障度	主观判断	正指标
教育设施满意度	满意农户数/农户总个数	正指标
医疗卫生设施满意度	满意农户数/农户总个数	正指标
文体设施满意度	满意农户数/农户总个数	正指标
商贸设施满意度	满意农户数/农户总个数	正指标

注：用水保障度指标在农户问卷中并未设计具体问题，此处计算以农户问卷中开放性问题中反映的用水保障问题进行主观判断。

3.2.3　评价方法

研究采用主成分分析法对农村聚落发展状态进行评价。主成分分析法是用少量的几个新变量描述原来较多变量的方法，且少量的几个新变量之间互相独立。由于在构建指标体系时选取的指标之间存在一定相关性，如果用所有指标反映实际问题，会由于指标重叠而无法反映真实结果。主成分分析法是针对多个存在相关性的变量进行降维处理，用几个互相独立的新变量代替原有变量，并涵盖原始变量的信息，达到反映真实结果的目的。

（1）构建原始变量矩阵。假设有m个样本，每个样本中有n个指标，则可构建$n\times$m的原始矩阵。

$$X=\{X_{ij}\}_{n\times m} \tag{3.1}$$

（2）对原始变量矩阵中的数据进行标准化处理。标准化处理是为了消除不同数据的量纲，避免不同指标单位不同造成对评价结果的影响。

$$Y_{ij}=\frac{X_{ij}-\frac{1}{m}\sum_{i=1}^{m}X_{ij}}{\frac{1}{m}\sum_{i=1}^{m}(X_{ij}-\frac{1}{m}\sum_{i=1}^{m}X_{ij})} \quad (3.2)$$

（3）计算相关系数矩阵R。

$$(R_{jk})_{n\times m}=\frac{1}{m}\sum_{i=1}^{m}Y_{ij}\times Y_{jk}\ (j,k=1,2,\cdots,n) \quad (3.3)$$

（4）计算特征值λ_j和特征向量I_{kj}。

（5）计算各主成分的贡献率、主成分载荷和累计贡献率。一般当k个指标的累计贡献率达到85%以上时，确认k（k<m）个指标为该指标体系的主成分：

$$X=(X_1,\ X_2,\ \cdots,\ X_k) \quad (3.4)$$

计算第k个主成分的载荷w_{kj}：

$$w_{kj}=\sqrt{\lambda_k}\times I_{kj} \quad (3.5)$$

（6）计算各评价单元的总得分S_i：

$$S_i=\sum_{k=1}^{w}\sum_{j=1}^{n}w_{kj}\times Y_{ij} \quad (3.6)$$

3.2.4 评价结果

本研究对实际调研的5个典型镇农村聚落进行发展状态评价。其中，评价指标数据除农民房屋质量指数计算的原始数据来源于《2012年咸阳市村镇统计公报》外，其余数据均来源于问卷调查数据。利用SPSS17.0对5个典型镇的指标进行主成分分析，由表3-9可以看出，前3个主成分的累计贡献率已达到94.873%，证明前3个主成分已具备足够的代表性。

表3-9　　农村聚落发展状态评价总方差

成分	初始特征值			贡献率		
	合计	方差占总方差的百分比（%）	累计百分比（%）	合计	贡献率（%）	累计贡献率（%）
1	8.211	63.161	63.161	8.211	63.161	63.161
2	2.454	18.880	82.041	2.454	18.880	82.041
3	1.668	12.832	94.873	1.668	12.832	94.873
4	0.667	5.127	100.000			
5	5.472E–16	4.209E–15	100.000			
6	2.865E–16	2.204E–15	100.000			
7	2.698E–16	2.075E–15	100.000			
8	1.229E–16	9.451E–16	100.000			
9	3.058E–17	2.352E–16	100.000			
10	–2.601E–17	2.001E–16	100.000			
11	–9.741E–17	7.493E–16	100.000			
12	–1.897E–16	1.459E–15	100.000			
13	–3.780E–16	2.908E–15	100.000			

根据各变量在主成分上的载荷矩阵可以看出（表3–10），第一主成分的综合性很强，其在常住人口比重、农民房屋质量指数、对外交通满意度、用水保障度、教育设施满意度、医疗卫生设施满意度、文体设施满意度、商贸设施满意度、人均住房面积和建房年限上均有较大载荷；第二主成分在耕地撂荒比重和村内道路满意度上具有较大载荷；第三主成分在院落空置率上具有较大载荷。其中，文体设施在设计指标体系时将其定义为正指标，根据主成分分析结果，其实际呈现负向影响，主要原因有两方面：一是行政原因造成文体设施配置的差异。由于不同县区对于农村聚落文体设施的配置存在较大差距，位于咸阳市北部马栏镇文体设施配置最为齐全，而南部的马嵬镇和

西阳镇等配置率相对较低（表3–11）；二是由于经济发展水平不同导致农村居民对文体设施的需求和满意度概念不同。咸阳市南部农村经济发展水平高于北部，其村庄人口对文体设施的需求较高，而北部农村聚落，特别是山区的马栏镇由于留守人口大多为老人和儿童，部分人口仍处于贫困阶段，故对文体设施需求不高，因此其衡量文体设施满意度的标准较低，最终导致文体设施满意度呈现负向影响。

表3-10　农村聚落发展状态评价的成分荷载矩阵

评价因子	成分		
	1	2	3
耕地撂荒比重	–0.568	0.630	–0.469
常住人口比重	0.733	0.488	0.416
农民房屋质量指数	0.931	–0.235	0.060
院落空置率	–0.014	0.458	0.889
对外交通满意度	0.938	0.278	0.183
村内道路满意度	0.411	–0.791	0.438
用水保障度	0.896	–0.155	0.070
教育设施满意度	0.858	0.468	–0.195
医疗卫生设施满意度	0.902	0.413	–0.123
文体设施满意度	–0.883	–0.155	0.130
商贸设施满意度	0.943	0.208	–0.228
人均住房面积	0.753	–0.525	–0.272
建房年限	–0.921	0.307	0.235

表3-11　咸阳市典型镇农村聚落配置各项文体设施的行政村比重
（单位：%）

镇名	图书室	体育运动场所	文化广场	党员活动室	农技站
西阳镇	50.0	50.0	40.0	40.0	20.0
马嵬镇	68.4	26.3	36.8	42.1	5.3
烟霞镇	59.5	24.3	29.7	35.1	5.4
新民镇	57.1	28.6	57.1	76.2	14.3
马栏镇	100.0	92.3	92.3	100.0	0.0

根据主成分分析结果计算5个典型镇的农村聚落发展状态综合得分（表3–12），可以看出，南部西阳镇的农村聚落发展状态最好，其次为南部的马嵬镇，而山区的马栏镇农村聚落发展状态最差。

表3-12　咸阳市5个典型镇农村聚落发展状态的综合得分

镇名	地形地貌类型	主成分1得分	主成分2得分	主成分3得分	综合得分	排名
西阳镇	平原区、台原区	0.79271	0.79966	1.38952	2.98189	1
马嵬镇	平原区	1.04447	–1.13701	–0.53677	–0.62931	2
新民镇	黄土丘陵沟壑区的黄土原区	–0.74165	1.02623	–0.77012	–0.48554	3
烟霞镇	台原区、黄土沟壑区边缘	0.20408	0.279	–0.81093	–0.32785	4
马栏镇	山区	–1.29961	–0.96787	0.7283	–1.53918	5

3.3　农村聚落发展存在的问题

农村聚落发展存在问题的研究以咸阳市为例，以典型镇调研资料为基础，结合相关统计资料，从农村聚落规模、分布、人口、设施和土地等方面进行分析。

3.3.1　常住人口大量减少

农村常住人口大量减少，不同类型的农村聚落常住人口占户籍人口比重差异较大。据第六次全国人口普查资料显示，咸阳市农村常住人口与户籍人口相差91.7万人，占农村户籍人口的23.8%。与第五次全国人口普查相比，农村户籍人口减少15.7万人，农村常住人口减少33.2万人。调研的五个乡镇中，西阳镇中小企业发展较快，自身吸纳劳动力能力较强，本地打工人数较多，村庄常住人口占户籍人口比重最高，为87%，且常住人口以25–44岁为主，16–44岁的年轻人占常住人口比重在5个典型镇中最大，达44%；马栏镇位于山区，经济条件最差，年轻人基本外出打工，村庄常住人口占户籍人口比重最低，仅为49%，且常住人口中60岁以上老人和儿童比重最高，达52%；其他镇村庄常住人口占户籍人口比重在60%左右，且常住人口以45岁以上的中老年人为主，其次为年龄较小的儿童（表3–13、表3–14），其中马嵬镇紧邻兴平市，农村劳动力可就近转移就业；烟霞镇苹果种植面积大，需要劳动力较多；新民镇周边煤矿较多，一部分劳动力选择就近就业，但大部分仍选择外出打工。

表3-13　　咸阳市典型镇农户问卷中的家庭人口情况

镇名	调查户数（户）	户均人口（人）	常住人口（人）	常住人口比重（%）
西阳镇	146	4.7	534	86.6
马嵬镇	225	4.6	640	62.1
烟霞镇	370	4.3	1099	69.1
新民镇	249	5.3	680	56.3
马栏镇	111	4.8	232	49.4

表3-14　咸阳市典型镇农户问卷中的常住人口年龄结构（单位：%）

镇名	0–15岁	16–24岁	25–44岁	45–59岁	60岁以上
西阳镇	13.5	13.5	30.3	26.3	16.5
马嵬镇	17.8	5.0	23.1	31.9	22.2
烟霞镇	13.0	6.0	23.0	32.0	21.0
新民镇	12.5	7.1	23.4	34.6	22.5
马栏镇	25.0	3.4	20.3	24.6	26.7

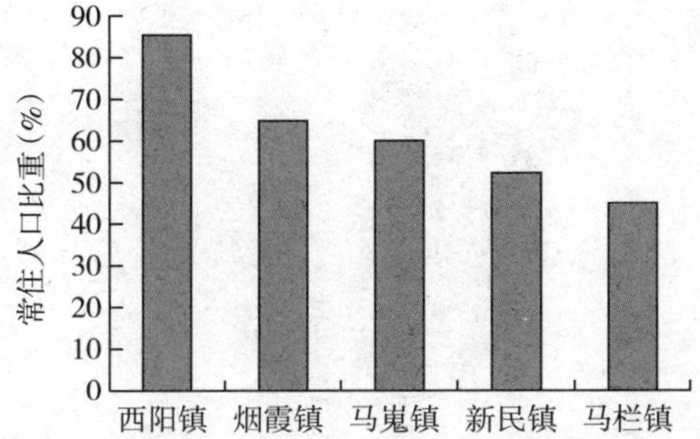

图3-2　咸阳市典型镇农村常住人口占总人口比重

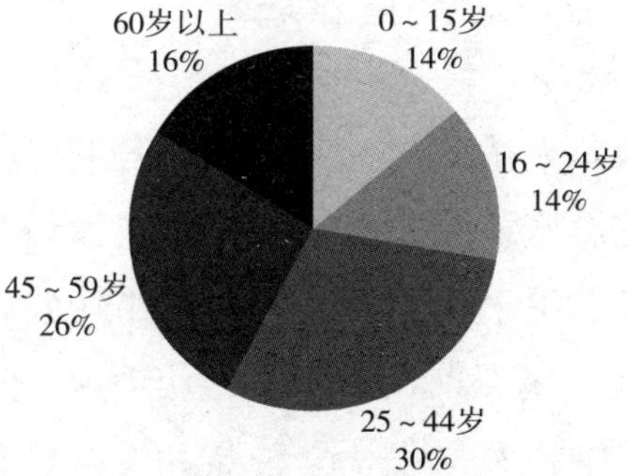

图3-3　西阳镇常住人口年龄结构

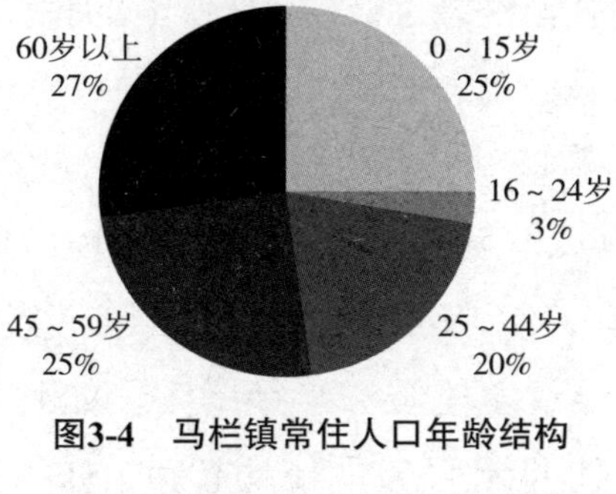

图3-4　马栏镇常住人口年龄结构

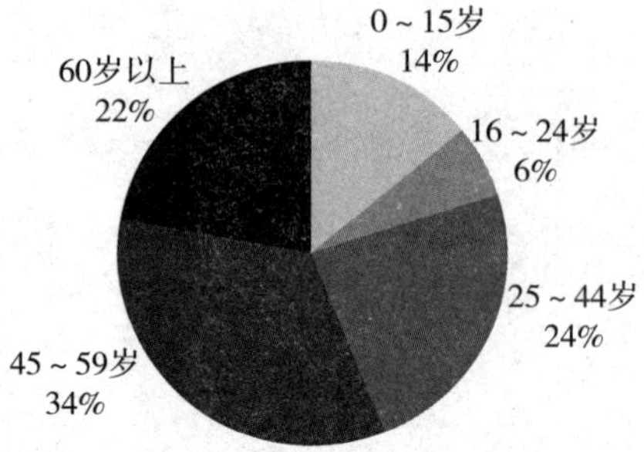

图3-5　其他镇农村常住人口年龄结构

3.3.2　公共服务设施严重落后

农村常住人口大量减少，导致农村公共服务设施配置运营困难，部分已有设施荒废。农村学校数量大量减少，导致学校服务半径增大，学生上学不便。以咸阳市域农村教育设施配置数量和学生人数为例，2001年到2010年的9年间，农村学校数量大量减少。其中，农村小学学校数和学生数减少非常明显。与2001年相比，截至2010年，农村普通中学学校数共减少29所，农村小学减少数达1232所，占原有小学总数的47%。同时，学生人数也在减少，农村普通高中的招生人数减少4.2万人，在校学生数减少5.9万人。小学学生减少情况更为严重，农村小学毕业生数减少4.6万人，招生数减少4.3万人，在校学生数减少30万人，减少的学生数分别占2001年学生数的47%、51.2%和53.3%（表3–15）。学生数量减少使得学校不得不实施迁并，导致学校服务半径增大。如北部的烟霞镇、新民镇和马栏镇，幼儿园服务半径均超过2.5km（表3–16），幼儿上学距离远，校车接送比例占75%，给家长和学校均造成很大不便。

表3-15　　咸阳市农村学校减少情况

			2001	2010	差额	差额占2001年比重
农村普通中学	学校数（所）		229	200	-29	-12.7%
		其中高中	13	11	-2	-15.4%
	毕业生数（人）		63280	69084	5804	9.2%
		其中高中	3548	6764	3216	90.6%
	招生数（人）		97268	55600	-41668	-42.8%
		其中高中	7168	9388	2220	31%
	在校学生数（人）		247541	188226	-59315	-24%
		其中高中	18502	27358	8856	47.9%
	教职工数（人）		15379	15236	-143	-0.9%
		其中专任教师	12602	13246	644	5.1%
农村小学	学校数（所）		2617	1385	-1232	-47.1%
	毕业生数（人）		99658	52867	-46791	-47%
	招生数（人）		85163	41532	-43631	-51.2%
	在校学生数（人）		562232	262379	-299853	-53.3%
	教职工数（人）		23442	21090	-2352	-10%
		其中专任教师	21748	20140	-1608	-7.4%

表3-16　咸阳市典型镇小学和幼儿园服务半径（单位：千米）

	小学合并前	小学合并后	现状幼儿园
马嵬镇	0.9	1.0	1.2
西阳镇	1.0	1.2	1.6
烟霞镇	1.0	1.7	2.5
新民镇	1.1	1.8	3.0
马栏镇	4.4	5.3	7.1

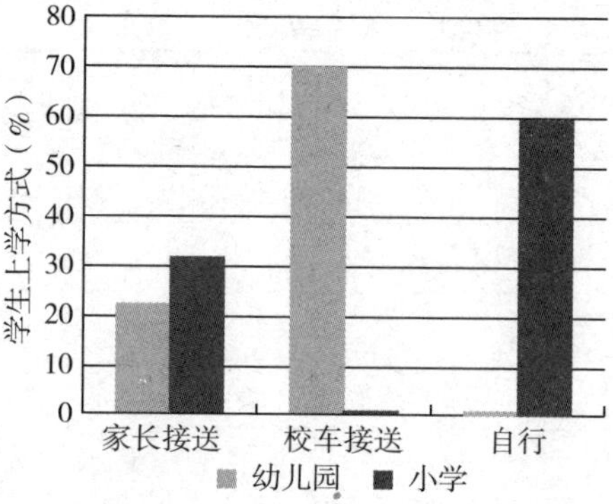

图3-6　咸阳市典型镇学生上学方式

图3-7　彬县新民镇荒废的学校

图3-8　三原县西阳镇刘李小学教室

调查发现公共服务设施中，文体设施配置率相对较高，但部分农民所需设施配置仍不完善，特别是针对于老年人的文体设施配置缺乏，而已配置设施使用率却较低。首先，图书室配置率高但使用率低，且农民满意度也较低，主要原因为宣传不到位，且不经常开放。各镇配置图书室的行政村的比例均在50%以上，旬邑县马栏镇甚至达到100%，而马栏镇不知道有图书室的农民达76.9%，新民镇农民对图书室不满意的主要原因为经常不开门，达26.7%（表3–17）。其次，常住人口大量减少导致设施使用率低。常住人口多为老年人和儿童，也是导致文体设施的使用率低的重要原因，体育运动场所和文化广场平日基本无人使用，偶尔仅有儿童使用（图3–9）[①]。再次，由于自然村分布分散，导致部分自然村超出设施服务范围，可达性较差。如西阳镇和烟霞镇农民对图书室不满意的主要原因为不方便，西阳镇在这一原因上的比重达72.4%（表3–24）。最后，农民所需设施配置不完善。不同类型乡镇的农民认为最需要增加或改善的公共服务设施有所差异。其中，经济发展相对较好的镇，农民认为需要增加或改善的公共服务设施以医疗卫生设施和文化娱乐设施为主，如西阳镇和烟霞镇选择文体娱乐设施的均超过30%；新民镇学校合并力度较大，农民认为最需要改善的公共服务设施中学校所占比重最高，达41.3%；山区马栏镇农民认为最需要增加或改善的设施为医疗卫生设施，达76.1%（表3–18）。

① 文中所有典型镇照片均为作者自摄，图片均为作者自绘，除特殊情况，以下不再说明图件来源。

表3-17 咸阳市典型镇农民对图书室不满意的原因比重（单位：%）

镇名	不知道有图书室	不方便	不爱看书	经常不开门	没时间	无喜欢看的书
西阳镇	0.0	72.4	0.0	21.5	0.0	6.1
马嵬镇	11.1	22.2	18.5	18.5	25.9	3.7
烟霞镇	4.8	42.9	28.6	9.5	9.5	4.8
新民镇	22.0	9.8	4.9	26.9	26.7	9.8
马栏镇	76.9	6.5	0.0	0.9	4.6	11.1

图3-9 健身设施使用率低

表3-18 咸阳市典型镇农民认为最需要改善的公服设施所占比重（单位：%）

镇名	医疗卫生设施	学校	文体广场	文化娱乐设施	其他
西阳镇	42.5	14.6	8.3	33.4	1.2
马嵬镇	38.5	27.4	10.4	23.7	0
烟霞镇	22.1	25.5	18.1	33.6	0.6
新民镇	19.2	41.3	35	3.8	0.8
马栏镇	76.1	16.2	3.1	2.1	2.6

3.3.3 基础设施改善难度增大

通村道路基本都已硬化，但村庄内部道路和生产道路硬化率低，且路面窄、路况差，农民满意度不高。通村道路由政府有关部门统一按照“村村通”标准实施硬化，咸阳市通村道路硬化率已基本达到100%；村庄内部道路硬化由村集体负责，大多为村民自己筹集资金实施硬化，由于常住人口减少，且某些村庄由于城镇建设或新农村建设具有搬迁可能性，导致村内道路硬化率低、路况差、路面窄，不能满足村民的出行需要，特别是雨雪天气出行更加不便（图3–10）；另外，村民普遍反映生产性道路未硬化，且路面窄、路况差现象普遍，导致大型机械无法进入，农忙时节，道路易发生拥堵，严重影响农业生产。5个典型镇中，村庄道路硬化率最高的为马嵬镇，为89%，同时马嵬镇也是农民对村内道路满意度最高的镇，达72.3%（表3–19），不满意的主要原因是生产性道路未硬化且路况差（图3–20、3–21）。村庄道路硬化率最低的为新民镇，为47%，农民对村内道路满意度仅为48.6%，对道路满意的大多为居住在通村道路两侧的居民，村内道路未硬化为不满意的第一原因，占62.6%（表3–20），且认为最需要改善的设施为道路的农户占77%，为5个镇中最高（表3–22）。

表3-19 咸阳市典型镇农民对村内道路的满意度（单位：%）

镇名	满意	不满意
西阳镇	64.3	35.7
马嵬镇	72.3	27.7
烟霞镇	55.4	44.6
新民镇	48.6	51.4
马栏镇	65.8	34.2

表3-20 咸阳市典型镇农民对村内道路不满意的第一原因所占比重（单位：%）

镇名	未硬化	路况差	无路灯/乱占道	路面窄	其他
西阳镇	58.0	24.0	0.0	12.0	6.0
马嵬镇	35.0	40.0	0.0	7.5	17.5
烟霞镇	71.8	17.2	0.0	5.5	5.5
新民镇	62.6	24.4	1.6	4.9	6.5
马栏镇	68.4	7.9	2.6	13.2	7.9

表3-21　咸阳市典型镇农民对村内道路不满意的第二原因所占比重

（单位：%）

镇名	未硬化	路况差	无路灯	路面窄	其他
西阳镇	11.6	46.5	18.6	20.9	2.3
马嵬镇	6.4	44.7	4.3	29.8	14.9
烟霞镇	7.4	84.0	3.7	1.2	3.7
新民镇	4.1	71.2	1.4	13.7	9.6
马栏镇	3.4	44.8	3.4	34.5	13.8

表3-22　咸阳市典型镇农民认为最需要改善的基础设施所占比重

（单位：%）

镇名	村内道路	给排水设施	环卫设施	其他
西阳镇	46.7	0	46.7	6.7
马嵬镇	15.5	5.5	76.4	2.7
烟霞镇	65.5	26.6	3.4	4.5
新民镇	77	14.9	6.5	1.6
马栏镇	45	47.2	0	7.8

图3-10　泥泞的村内道路

图3-11　村内生产性道路

给水设施配置较为完善，但正常运营困难。调研的5个典型镇中除马栏镇以外，其他镇的给水设施配置均较为完善，仅有沟壑区和山区少数较为偏僻村组的自来水仍未普及。但由于常住人口大量减少，给水设施运营的人均成本提高，为了降低成本，部分村庄实施限时供水，由于供水时间较短，同一时段集中取水量大，导致距离水塔较远的村庄水压小、水量不足，有时甚至出现全天无水现象，严重影响日常生活。如彬县新民镇，部分村庄受限时供水影响，水量不稳定，特别是距离镇区较远的村庄，调研中张家村某农户反映“每天只供水2–3小时，经常正在洗澡就停水了，有时水流很小，想存水也接不了多少水，经济条件较好的家庭就买矿泉水，供水不足对生活造成很大影响”。再如马栏镇也存在同样问题，通户自来水供水限时供水且水量不稳定，部分农村居民只能使用村内机井取水，日常经常使用村内机井取水的农户约占46.2%。

除此之外，排水设施和环卫设施严重缺乏，污水和垃圾随意倾倒，严重影响村民生活环境。排水设施严重缺乏，排水沟多为自发形成，未按标准进行配置。根据调研，约有15%的村庄设有地面水渠，8%的村庄有统一的排污管道，70%以上村庄的村民都是随意倾倒生活污水（表3–23）。村内垃圾处理方式以村组固定地点倾倒、填埋和农户分散倾倒处理为主，丘陵沟壑区的新民镇村组固定地点倾倒、填埋比重达76.2%（表3–24），倾倒地点多为沟壑边缘，废弃院落或窑洞，多数村民仍将垃圾随意倾倒。位于南部平原区的马嵬镇农民认为最需要改善的设施中环卫设施比重达76.4%，证明农民对生活环境的要求提高（表3–22）。

表3-23　咸阳市典型镇农村聚落污水处理方式比重（单位：%）

镇名	随意倾倒	地面污水渠	统一排污管道	其他
西阳镇	77.8	11.4	10.8	0.0
马嵬镇	94.7	0.0	0.0	5.3
烟霞镇	73.7	15.8	7.9	2.6
新民镇	95.2	4.8	0.0	0.0
马栏镇	84.6	8.1	7.3	0.0

表3-24　咸阳市典型镇农村聚落垃圾处理方式比重（单位：%）

镇名	村组固定地点倾倒、填埋	村收集、镇转运、县处理	农户分散倾倒处理	其他
西阳镇	22.2	11.1	66.7	11.1
马嵬镇	26.5	0.0	57.7	15.8
烟霞镇	42.1	0.0	55.3	2.6
新民镇	76.2	4.8	28.6	0.0
马栏镇	53.8	0.0	46.2	0.0

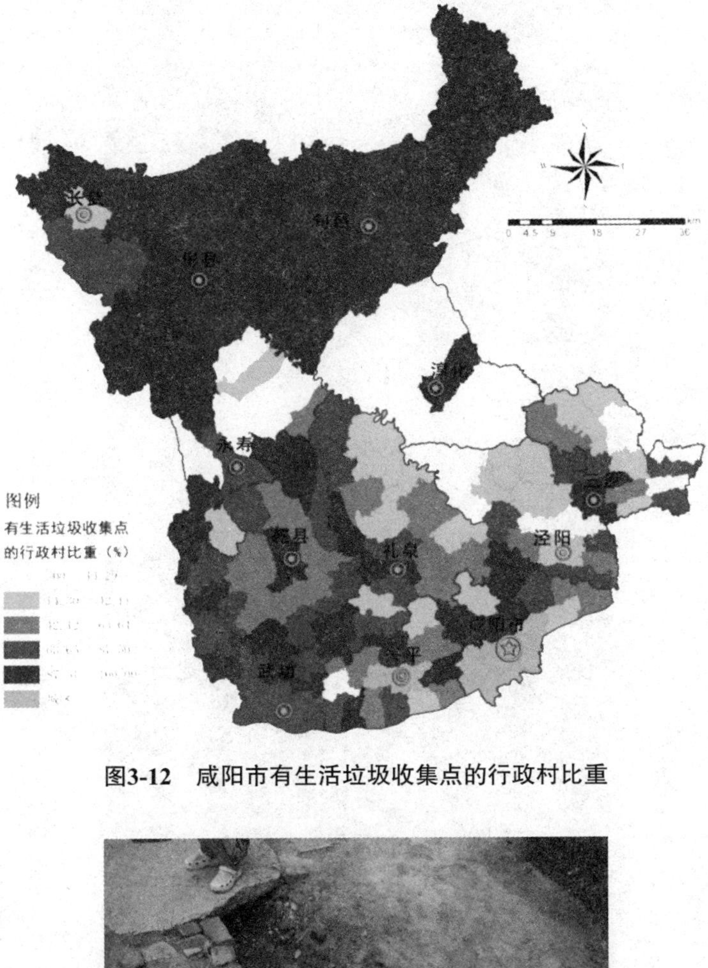

图3-12　咸阳市有生活垃圾收集点的行政村比重

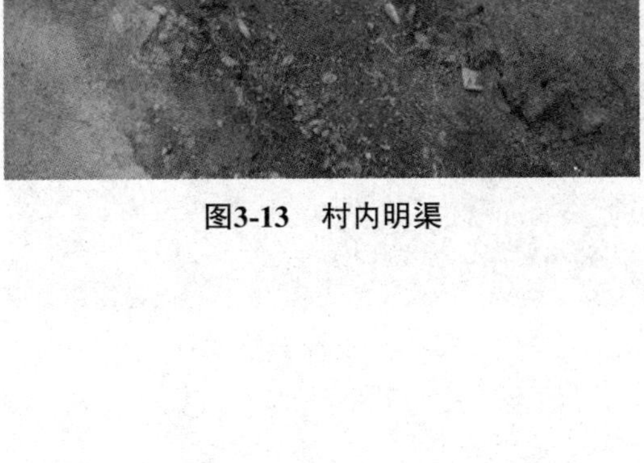

图3-13　村内明渠

图3-14　随意排水

图3-15　垃圾固定倾倒点

图3-16　垃圾随意倾倒

3.3.4 建设管理滞后、布局散乱

村庄建设管理滞后，建设引导作用不强，布局散乱，特别是在丘陵沟壑区和山区，农村聚落规模小且分布分散，不能满足公共服务设施的服务范围和门槛人口要求，同时，分布分散造成基础设施配置成本增加，也不利于基础设施的配置和运营。首先，公共服务设施具有一定的服务范围，现状镇级以下公共服务设施均位于行政村的村委会位置，自然村分布分散导致距村委会的距离较大，部分自然村已超出公共服务设施的服务范围。5个典型镇中，北部位于黄土丘陵沟壑区边缘的烟霞镇自然村距村委会的最大距离为4.5km，黄土原区的新民镇最大值为8km（表3–25），均已超过公共服务设施的合理服务范围；其次，公共服务设施服务范围一般以设施为圆心呈放射状，而黄土丘陵沟壑区和山区农村聚落单体的带状和分散布局形式大大增加了农村居民距公共服务设施的距离，且服务范围内的人口规模也难以满足公共服务设施的门槛人口，导致设施使用率低，甚至无法正常运营，不能满足农民对公共服务设施的需求；最后，农村聚落分布散乱造成基础设施配置运营成本高，不利于基础设施的配置和正常运营。如位于山区的马栏镇自然村距村委会的最大距离达22km，其农村聚落分布的分散性导致基础设施配置成本高，且使用率较低。

表3-25　咸阳市典型镇自然村或村民小组距离村委会的距离（单位：km）

镇名	最大值	均值	标准差
马嵬镇	0.5	0.3	0.3
西阳镇	2.5	0.7	0.7
烟霞镇	4.5	0.6	0.8
新民镇	8.0	0.9	1.0
马栏镇	22.0	2.7	4.4

3.3.5 宅基地闲置和耕地撂荒现象普遍

村庄院落闲置和废弃现象相当普遍。由于现行相关制度制约，农村在外务工人员中举家长期在外或已在城市安家的人口在农村的居住院落长期闲置。五个乡镇中，北部山区与黄土高原沟壑区，村庄闲置院落约占20%～30%，南部平原区村庄闲置院落约占5%～13%。另一方面，农村荒废宅基地问题也较为突出。在北部沟壑区和山区，这种荒废的宅基地较多（图3-17），如新民镇荒废的宅基地面积占总宅基地面积的3%～9%，且占地一般为每户0.07 hm^2（约1亩）以上。

图3-17 荒废的土地和院落

同院落闲置和宅基地荒废相对应，在农业生产条件相对较差的北部沟壑区和山区，承包地撂荒现象也普遍存在。撂荒地多为坡地，交通路况差，难以实施机械化操作，且农田水利设施缺乏，收成不稳定。如新民镇周边沟壑区的坡地大多撂荒，其中23%的村庄承包地撂荒超过13hm^2（约200亩）。

表3-26 咸阳市典型镇家中无常住人口的院落和耕地处置方式（单位：%）

镇名	院落处置方式			耕地处置方式				
	空置	出租	其他	自己耕种	托人耕种	撂荒	出租	其他
西阳镇	90.0	10.0	0.0	0.0	22.0	22.4	55.6	0.0
马嵬镇	100.0	0.0	0.0	0.0	36.8	0.0	63.2	0.0
烟霞镇	100.0	0.0	0.0	0.0	6.1	6.1	39.4	48.5
新民镇	80.0	13.3	6.7	0.0	31.3	6.3	62.5	6.3
马栏镇	77.8	0.0	22.2	0.0	22.3	11.9	32.7	33.1

3.4 本章小结

（1）农村发展状态评价是农村聚落体系重构的前提。本章从农村聚落实体及农户感知角度构建农村聚落发展状态评价指标体系，基于主成分分析法对农村聚落发展状态进行评价，评价指标充分反映了农村聚落存在问题和农户对于农村聚落的满意度，为农村聚落体系重构奠定基础。

（2）在不同因素影响下，农村聚落呈现多种类型，不同类型的农村聚落特征和发展路径不同，因此，应在农村聚落类型划分基础上研究农村聚落体系重构。本章从经济发展特征、地形地貌类型、距离城市远近、农村聚落群体和单体形态角度划分了农村聚落类型。其中，按照经济发展特征将其划分为农业主导型、兼业型、非农主导型和均衡发展型4类；按照地形地貌类型将其划分为平原聚落、丘陵沟壑聚落和山区聚落3类；按照距大城市的距离将其划分为大城市近郊型、影响型和远郊型3类；按照距县城的距离将其划分为近郊型和远郊型两类；按照农村聚落群体形态将其划分为随机型、均匀型、四周型、串珠型、分散型和不规则散乱型6类；按照农村聚落单体形态将其划分为团块型、不规则型、带型和弧圈型4类。

（3）基于咸阳市典型镇的调研数据和统计数据，从农村聚落规模和分布、人口、基础设施、公共服务设施和土地5个方面对农村聚落存在问题进行归纳：丘陵沟壑区和山区农村聚落规模小、布局分散，常住人口大量减少导致设施正常运营难度大，宅基地闲置和耕地荒废现象普遍，农村聚落体系迫切需要重构。

第四章

农村聚落的职能定位与等级重构

农村聚落职能是其在农村聚落体系中所起的作用或承担的功能，职能一经确定，农村聚落在体系中的地位和发展方向也随之确定。农村聚落等级是在职能确定的基础上，不同职能农村聚落相互作用形成的层级，是农村聚落体系重构的基础。农村聚落体系重构的首要任务即在农村聚落现状职能、等级解析以及影响因素分析的基础上，以城乡基本公共服务均等化为原则，确定农村聚落的职能和等级。

4.1　农村聚落职能和等级的内涵和研究基础

聚落职能即其在区域中所起的作用，聚落等级反映其作用大小。地理学对聚落职能的研究主要集中在城市职能，城市职能被定义为城市在国家或在区域中承担的分工和所起的作用[95]，城市活动由基本活动部分（B）和非基本活动部分（N）组成，城市职能体现的是城市的基本活动部分[95]，城市B/N大小影响其职能大小。城市职能的相关研究主要集中在两方面：一是随着生产力的发展，城市职能的演变研究。学者们认为城市职能的演变由早期的防御型职能向政治经济型职能转变。董力三通过对洞庭湖地区城市职能的演变研究，提出城市职能由行政型向经济型转变[113]。王建军等认为全球城市职能由生产性职能向服务性职能转变[114]。二是城市职能类型的划分研究。国外对于城市职能类型的划分研究较早，1921年，英国奥隆索将城市职能划分为行政、文化、防务、交通、生产和娱乐职能，之后，学者们利用统计描述、统计分析、多变量分析等方法，结合B/N的比值，以各行业职工百分比为基础，确定了多种职能分类方法。国内研究较早的为孙盘寿先生，其在划分城市基本类型基础上，利用各部门职工比重指标进一步划分了城市工业职能[95]，之后，周一星等首次利用较为全面的劳动力结构统计资料，对我国城市的工业职能进行了划分[115]。

关于农村聚落职能和等级的专门研究相对较少，涉及农村聚落职能和等级或可直接进行借鉴的研究主要有两方面，即中心地理论中对于中心地职能和等级的界定和村镇规划中对于村镇职能和等级的研究。第一，中心地理论中对于中心地职能和等级的界定。克里斯塔勒将中心地职能定义为中心地所提供的货物和服务，将中心地职能大小定义为中心性，即中心地对周围地区所提供的中心地职能作用大小，中心性可用重要性剩余表示，其相当于城市职能研究中提出的B/N（基本部分/非基本部分）的剩余。他认为中心地职能可用中心地所提供的设施种类和等级进行确定，中心地职能大小可用电话门数作为衡量指标，根据职能大小，结合规模就可确定中心地等级[116]。第二，村镇规划中对于农村聚落职能和等级的研究。早期对于农村聚落职能和等级进行研究的为金其铭等学者，其借鉴城市职能和中心地理论的研究成果，提出村镇性质、村镇职能和等级的概念。村镇性质由村镇对内对外服务职能两部分融合而成，从定性角度为划分村镇等级奠定基础。村镇等级即村镇对外服务职能，是村镇中心强度的反映，其认为村镇职能分为中心职能和非中心职能，其中，中心职能即村镇对外服务职能，包括行政、医疗卫生、文化和经济的商贸和服务，而非中心职能是村镇对内服务职能，包括经济职能中的工业和农业职能，村镇等级由中心职能决定，且行政机关的存在对其职能大小影响较大。他提出利用主要商品销售额进行村镇类型划分，并在其基础上通过定性分析确定村镇等级[2]。之后，对于村镇职能和等级研究主要集中在村镇体系规划中村镇职能的确定，村镇等级确定基本是基于《村镇规划标准》划分的“中心镇——一般集镇—中心村—基层村”或“建制镇—集镇—中心村—基层村”[117]等。近几年，随着农村社区的建设，一些学者提出了新的村镇等级，戚红年认为以农村社区为基础的村镇等级应为“城镇—中心社区—基层社区”[118]。

4.2 农村聚落现状职能和等级解析

4.2.1 农村聚落的现状职能

农村聚落现状职能参考行政等级，按照“建制镇—集镇—行政村—自然村”进行分析。建制镇承担镇级行政、经济中心职能，其提供的设施包括镇级行政机关、高中（部分镇）、初中、小学、幼儿园，综合超市、集贸市场、储蓄网点、宾馆和招待所等；集镇承担乡级行政、经济中心职能，其非农产业发展程度相对较低，提供的设施较建制镇等级也较低且数量较少。根据调研，集镇与建制镇提供的设施差别主要在教育设施和商贸设施上，大部分体现在商贸设施上；行政村为周围自然村提供教育、医疗卫生和文体设施，如小学、图书室、文化广场、党员活动室、卫生室等。根据调研，典型镇村卫生室除部分可以合疗报销的之外，其余村卫生室与自然村的一般诊所职能等级基本相同，且由于人们对医疗卫生设施的重视和人口数量的减少，村卫生室或私人诊所大多倒闭。同时，行政村提供的文体设施使用率也较低。因此，从现状出发，严格意义上讲，行政村只为周围自然村居民提供教育设施；自然村内部大多仅有少量小商店，为本自然村居民提供服务，根据中心地理论中依据重要性剩余确定中心地职能的原则，自然村不具备中心地职能。

4.2.2　农村聚落的现状等级

根据农村聚落现状职能分析，自然村只存在非中心职能，不存在中心职能，因此，农村聚落的现状等级为“建制镇—集镇—行政村”。虽然根据《村镇规划标准》和已有研究，农村聚落等级应为“建制镇—集镇—中心村—基层村”，但实际中，欠发达地区的中心村和基层村一直均未建设或发展成熟，农村聚落等级仍维持在原来的行政等级。

随着撤乡并镇政策的实施，集镇的行政等级正在丧失，但其职能并未消失，导致建制镇镇域由单中心向多中心转变，农村聚落等级缺失。近几年由于撤乡并镇政策的实施，乡的行政级别被取消，降为行政村级，与其他建制镇合并，建制镇镇域范围扩大导致镇区设施服务范围无法完全覆盖所有农村聚落，因此，受中心地市场原则支配，虽然乡的行政中心作用丧失，但其为周围村庄提供货物和服务的职能并未改变，最终使得镇域由单中心逐渐向多中心转变。同时，乡的行政等级丧失导致公共设施配置等级下降，无法满足农民对设施的需求。如彬县新民镇的曹家店村，原为曹家店乡，经过撤乡并镇后与新民镇合并，进而降为村级，但根据调研，曹家店村虽然丧失了行政中心职能，但其经济职能依旧存在，仍承担为周围村庄服务的中心地职能（图4–1）；再如礼泉县烟霞镇的北二村，原为北屯镇政府所在地，其与烟霞镇合并之后，北二村仍承担为周围村庄提供货物和服务的职能（图4–2）。以上两个镇与集镇的合并，导致镇域由单中心向多中心转变。

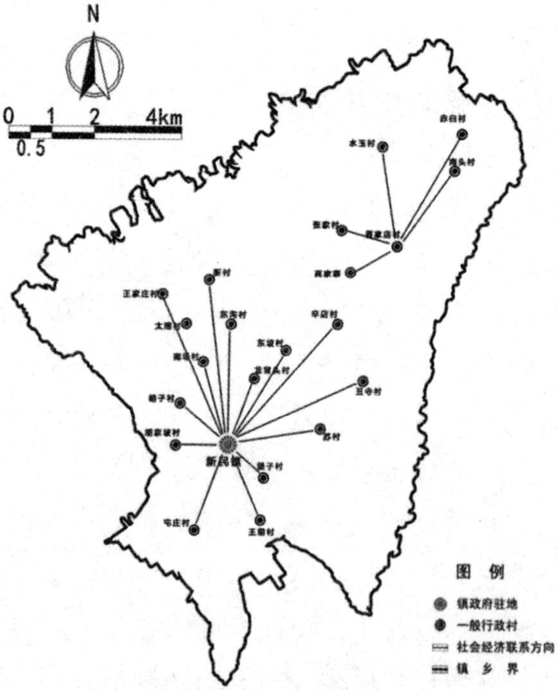

图4-1　彬县新民镇域农村聚落的社会经济联系方向

资料来源：根据农户调查问卷中首选购物地点和享受其他公共服务设施地点综合确定。

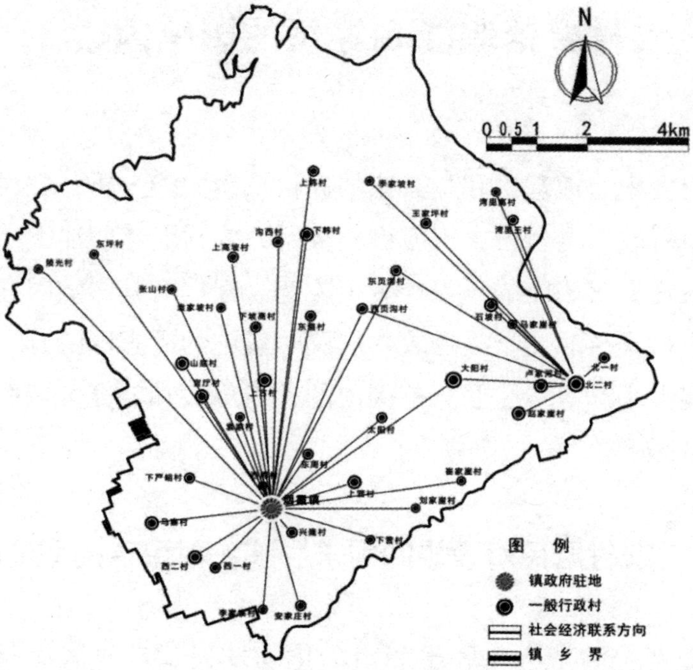

图4-2　礼泉县烟霞镇域农村聚落的社会经济联系方向

村庄常住人口大量减少导致在传统农村聚落格局基础上，无法完善职能和等级，必须实施农村聚落体系的重构。由于传统农村聚落布局是在耕作半径条件下形成的，分布较为分散，且农村常住人口大量减少导致设施配置达不到门槛人数和服务范围要求，现状职能无法正常发挥，更无法谈及增加设施和等级。因此，现状等级不完善、职能缺失问题无法在原有农村聚落格局基础上进行完善，必须对农村聚落体系进行重构，才能完善农村聚落职能和等级。

4.3 农村聚落职能和等级的影响因素

根据中心地理论和金其铭的农村聚落职能分析，农村聚落职能由行政机构和公共服务设施决定，农村聚落职能大小和等级由农村聚落职能的重要性剩余决定。根据对其影响因素的分析，农村聚落职能种类受农村居民对设施的需求影响，农村聚落职能大小和等级受服务范围内的人口规模和补充区域的交通通达度影响。

4.3.1 农村居民对设施的需求影响农村聚落的职能种类

随着生活社会化和生产市场化的发展、农村居民观念的改变和对生活水平、生活质量要求的提高，农村居民对设施种类和等级的需求也逐渐提高。如调研中发现，农村居民对于教育的重视程度普遍提高，以彬县新民镇幼儿园为例，新民镇现有5所幼儿园，均建于2000年以后，主要由于早期农村居民对于幼儿教育并不重视。现在，农村居民对子女教育重视程度增加，农村儿童上幼儿园的年龄也在变小。根据调研，新民镇未入园或上学的儿童年龄最大为5岁，5岁以上的儿童均已入园或上学，入园或上学最小年龄为3岁（图4–3）。再如5个典型镇农民认为最需要增加的公共服务设施中，医疗卫生设施、教育设施和文化娱乐设施等在不同镇均占有较高比重（表3–22）。由此可以看出，农村居民对于设施的需求发生变化，则农村聚落的职能种类也需要增加。

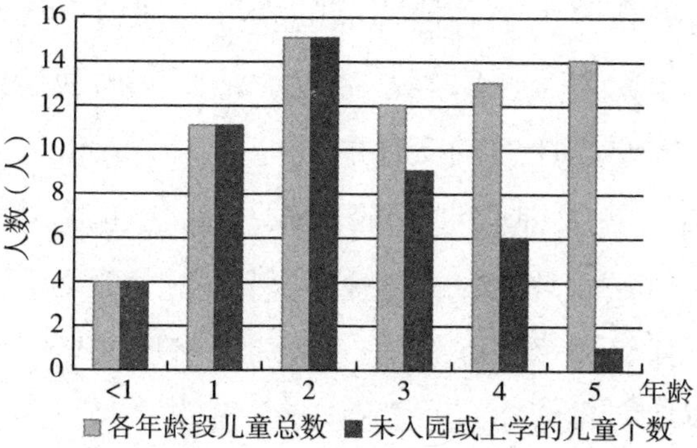

图4-3　彬县新民镇幼儿园儿童入园或上学年龄

4.3.2　农村聚落服务范围内的人口规模影响农村聚落职能大小

农村聚落服务范围内人口规模由人口分布和人口密度决定，人口规模大则中心地中心商品的消费量就大，其重要性剩余也大，因而其农村聚落职能和等级较高。如5个典型镇中的西阳镇，镇区服务范围基本覆盖镇域农村聚落，相当于镇区服务范围内的常住人口数量为2.2万人，以一家日用品商店为例，其年均纯收入约为4万元；位于山区的马栏镇，农村聚落分布分散，且规模小，在其服务范围内的常住人口数量约为4900人，同样以镇区的一家日用品商店为例，其年均纯收入约为1.6万元。可以看出，西阳镇的中心商品消费额远大于马栏镇，则其中心地等级相对较高。

4.3.3　补充区域的交通通达度影响农村聚落职能的发挥

中心地补充区域的交通摩擦系数越小，则交通通达度越高，能够促进高等级中心地职能的发挥，使得高等级中心地的职能增大；相反，交通摩擦系数越大，则交通通达度越差，说明交通越不方便或耗费的交通时间越长，导致低等级中心地的形成，抑制高等级中心地职能的发挥，交通通达度与地形有关。如山区马栏镇北部的马栏村和转角村与镇区存在约1.5h的山路距离，其交通摩擦系数大，这两个村庄的居民购物首选地点为西部的甘肃省或东部的铜川市，而非马栏镇区，导致马栏镇区职能减弱。

4.4 农村聚落职能和等级的确定

4.4.1 农村聚落的职能确定

根据农村聚落的非农产业发展基础和发展条件，将农村聚落分为两类。第一类为在县域内，除县城之外，非农产业发展基础好，且具备发展为城市型聚落条件的镇；第二类为不具备发展非农产业条件，以农业人口聚集为主，为居民提供生活性服务（教育、医疗卫生、文化娱乐、购物等）、生产性服务（农业技术服务和农业配套产品销售等）和社会管理（政府机构）职能的农村居民点。

第一类农村聚落则为农村聚落体系中的最高级中心地，为镇域内的政治、经济中心；第二类农村聚落则为农村聚落体系中等级低于第一类的中心地。由于生产性服务职能较难确定，因此，选择生活性服务和社会管理职能作为其职能确定依据。

根据调研中农村居民对公共设施的需求，教育、医疗卫生、文化娱乐均占有较高比重（表3-22），因此，农村聚落中的最低等级中心地必须配置学校、卫生室和文化娱乐场所等满足农村居民基本生活需要的设施。其中，随着农村对学前教育的重视、国家对幼儿尽量就近入学的要求和农村居民对幼儿园的需求，农村聚落中的最低等级中心地必须配置幼儿园。假设最高级中心地配置高中或初中，最低级中心地配置幼儿园，则还需有一级中间等级中心地配置初中或小学。

因此，农村聚落体系中应有3级不同职能的中心地。在丘陵沟壑区和山区，最低级中心地应至少提供幼儿园、卫生室、图书室、党员活动室、文化广场、日用品商店等日常生活所需的最基本设施，并由农业人口聚集形成。较高级中心地应至少提供除最低级中心地之外的完全小学、百货商店及部分农业服务部门（如化肥销售点、专业合作社等）等，主要以农业人口聚集为主；最高级中心地应至少提供除较高级中心地之外的镇级行政机关、初级中学、卫生院、综合超市、集贸市场、储蓄网点、宾馆或招待所等，主要以非农人口聚集为主；在平原区、台原区和黄土高原的黄土原区，教育设施等级应相应提高，最低级中心地应至少提供非完全小学，较高级中心地应至少提供初级中学，最高级中心地应至少提供普通高级中学。

4.4.2　农村聚落的等级确定

按照不同等级中心地的职能，参考发达地区农村社区构建形式，将农村聚落等级确定为“重点镇—中心社区—一般社区”3级。重点镇即最高级中心地，其并非各级确定的重点发展乡镇，而是以非农产业为主且发展条件较好的镇，其作为国家的最低级行政管理单元，是农村聚落的行政中心和经济中心。作为体系中的最高级中心地，其为周边农村聚落提供设施和服务，或吸引周边农村聚落及从事非农产业的人口向其集中；中心社区即较高级中心地，是以一般镇和发展条件较好的中心村为核心形成的新型农村社区。其中，一般镇即发展条件及发展潜力不足、非农产业发展滞后、基本以农业产业为主的乡镇，其虽具有最高级中心地的行政机关、卫生院等设施，但按照其经济发展情况分析，更符合较高级中心地的职能，因此，将其划入中心社区。中心社区作为次一级中心地，设施及服务除辐射本社区外，还可辐射周边一般社区；一般社区即最低级中心地，是由其他一般村庄集中所形成的新型农村社区，其配套设施及服务仅辐射本社区。

在实际情况下，不同类型的农村聚落等级体系可分为4种类型（图4–4）。第一，“重点镇—中心社区——般社区”3级体系。适用于现状建设规模大、条件好、常住人口较多，不适宜大规模拆迁或农业发展条件优越且耕作半径较小的农村聚落。第二，“重点镇——般社区”2级体系。适用于平原区镇区吸纳劳动力能力强、有较好发展前景、但现状部分村庄建设条件较好，不适宜拆迁的农村聚落。第三，“重点镇—中心社区”2级体系。适用于平原区和黄土原区的原面区，地势平坦，镇区发展条件优越，且发展前景较好，但村庄建设条件相对较差，镇区位置偏离镇域几何中心的农村聚落。第四，“中心社区——般社区”2级体系。适用于丘陵沟壑区和山区，镇区非农产业发展落后，地形限制不适于过度集中的农村聚落。

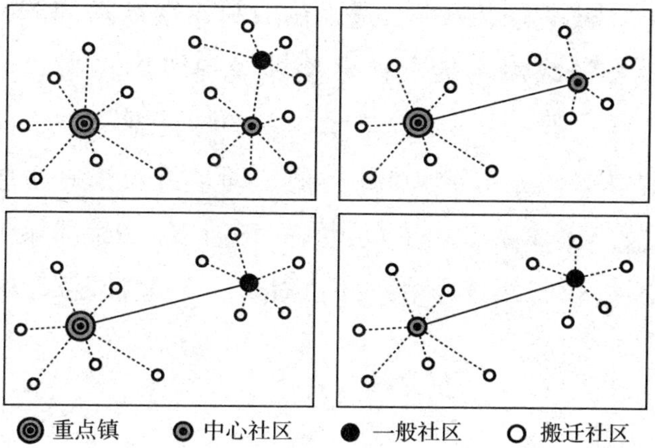

图4-4　农村聚落等级体系

4.5　本章小结

（1）农村聚落现状职能等级为“建制镇—集镇—行政村”。随着撤乡并镇政策的实施，乡的行政等级丧失，但其经济职能仍然存在，导致建制镇镇域由单中心向多中心转变，农村聚落等级缺失；由于村庄人口大量减少，无法在现状格局下完善职能体系，因此，必须实施农村聚落体系重构。

（2）农村聚落职能受农村居民对设施的需求、农村聚落服务范围内的人口规模和补充区域的交通通达度等因素影响。其中，农村居民对设施的需求影响农村聚落的职能种类，服务范围内的人口规模和补充区域的交通通达度影响农村聚落职能大小和等级。

（3）参考中心地理论，以农村聚落提供的公共设施和政府机构作为职能确定标准，进而由农村聚落所需职能确定农村聚落等级。最终确定的农村聚落等级一般形式为“重点镇—中心社区——般社区”3级体系，在实际情况下，不同类型的农村聚落等级体系可分为4种类型，即“重点镇—中心社区——般社区”3级体系、“重点镇——般社区”2级体系、“重点镇—中心社区”2级体系和“中心社区——般社区”2级体系。

第五章

农村聚落的规模测定

农村聚落规模是在实现城乡基本公共服务均等化目标前提下，保障各等级农村聚落职能正常发挥的重要因素。

农村聚落规模一般包括人口规模和用地规模，用地规模可在人口规模基础上，根据人均用地指标确定，因此，人口规模一般作为聚落规模的研究重点，本书也仅对人口规模预测进行讨论。

农村聚落的人口规模预测包括农村聚落总规模和各等级农村聚落规模两部分内容，其中，农村聚落总规模是确定具体农村聚落等级、各等级农村聚落数量和配套设施建设等问题的前提，各等级农村聚落规模是保证各等级聚落职能正常运营的基础。

5.1 农村聚落规模的研究基础

从城市地理学角度，人口规模的首位分布和位序-规模分布哪个好一直是学者们争论的焦点。认为首位分布好的学者提出首位分布可以实现规模经济和集聚经济，有利于降低成本、提高效率，能够实现资金和人才的最大积累；反对首位分布的则提出首位分布会造成资源的低效利用，不利于均衡发展，造成对经济增长的损害。

现阶段，在农村聚落体系重构过程中，与城市规模确定相对应的农村聚落规模是高度集中好还是适度分散好同样也是争论的焦点。认为高度集中好的学者认为高度集中有利于达到公共服务设施门槛人口，完善设施配套，且能够降低成本，实现规模经济；反对高度集中的学者主要考虑高度集中会造成农民耕作不便，且规模增大可能会造成管理等其他问题。这两种观点都相对过于片面，农村聚落的适宜人口规模应在分析其影响因素的前提下，根据现状实际情况，因地制宜地确定。

从人口规模预测的研究方法上看，现有研究大多是以城市为对象，对于农村聚落的人口规模预测研究相对较少。人口规模预测的主要模型有马尔萨斯模型、logistic模型、灰色系统模型和GM（1，1）等，其中，马尔萨斯模型和logistic模型是根据人口增长率预测人口规模，灰色系统模型和GM（1，1）是通过历史人口数据进行建模，按照历史变化预测未来人口规模[119]；人口规模预测的其他方法还有回归分析法、综合增长率法、城镇化水平法和资源承载力法[120]等。其中，回归分析法是借助统计学对影响人口规模变动的主要因素进行回归分析，将人口规模作为时间序列或其他影响因素的函数，进而预测未来的人口规模。综合增长率法是以现状人口为基数，根据人口自然增长率和机械增长率综合预测人口规模，其增长率是在往年增长率和未来发展趋势判断基础上进行的确定，带有很强的主观性。资源承载力法的提出是认为区域资源对于人口规模的承载力具有限度，超过此限度，则无法实现资源的可持续利用。主要的资源承载力法有土地资源承载力法和水资源承载力法等[121]，其中，土地资源承载力法主要从土地对人口密度的承载力、对人均建设用地的承载力和对劳动人口的承载力等方面进行预测，其主要是基于一定的城市化水平，从单方面考虑资源承载力的一种方法。水资源承载力法是利用人均用水量和用水总量预测水资源所承载的人口规模[122]。

5.2 农村聚落规模的历史演变和现状解析

5.2.1 农村聚落规模的历史演变

根据农村聚落人口规模的增长趋势，将新中国成立后农村聚落的人口规模增长分为3个阶段，即快速增长阶段、缓慢增长阶段和快速下降阶段。

（1）快速增长阶段

新中国成立后，计划生育政策实施前，我国人口为自然增长阶段，乡村人口规模呈快速增长趋势。20世纪70年代前，由于受“养儿防老、多子多福”传统观念影响，人口出生率较高，70年代初期开始实行计划生育政策，人口自然增长率才逐渐下降，但由于人口基数大，乡村人口总数仍呈现快速增长趋势。1975年前，咸阳市人口出生率达30‰～60‰，自然增长率在22‰～28‰之间，1975年后，人口自然增长率开始大幅下降，1978年下降到10‰。1949～1978年，咸阳市乡村人口增加160万人，年均增长达5.3万人。

（2）缓慢增长阶段

改革开放后，农村聚落人口规模增长趋缓，人口迁移、流动趋势显现。随着计划生育政策的严格实施，人口出生率和自然增长率逐渐下降，但由于人口基数较大，人口总数仍呈增长趋势，但与改革开放前相比，增长趋势变缓。随着劳动生产率的提高，农村出现大量剩余劳动力，在户籍制度限制逐渐放松和城镇化快速发展的促进下，农村剩余劳动力向城镇流动趋势初步显现。咸阳市人口出生率由1978年前的30‰下降到2000年的10.9‰，人口自然增长率在1994年之前，基本维持在11‰，1994年之后快速下降，到2000年，人口自然增长率下降到3.9‰。1978～2000年，乡村人口年均增长3.6万人，较改革开放前年均增长人数减少1.8万人（表5-1）。1979～2000年，从事农林牧渔业人数占农村劳动力总人数比重由93.5%下降到74.2%（表5-2）。

（3）快速下降阶段

进入21世纪后，村庄人口大量流出，人口规模逐渐下降。此阶段，人口自然增长率维持在较低水平，由于人口基数较大，人口的自然增长造成的人口规模增加仍然持续。但随着城镇化的快速推进，村庄人口大量流出，机械流出人口数量远远大于自然增长的人口数量，导致农村户籍人口和常住人口大量减少。2001年后，咸阳市人口出生率基本维持在10‰，人口自然增长率维持在4‰（表5-1）。据第六次全国人口普查资料显示，咸阳市农村常住人口与户籍人口相差91.7万人，占农村户籍人口的23.8%。与第五次全国人口普查相比，农村户籍人口减少了15.7万人，农村常住人口减少了33.2万人。

表5-1　　咸阳市村庄人口基本情况

年份	乡村人口（万人）	乡村户数（万户）	户均人口（人）	人口自然增长率（‰）
1949	151.0	28.6	5.3	
1952	165.0	32.4	5.1	
1957	186.0	35.8	5.2	
1962	216.0	42.4	5.1	28.2
1965	232.3	44.4	5.2	23.4
1970	268.0	50.0	5.4	21.2
1975	298.3	56.3	5.3	16.4
1978	311.9	62.6	5.0	10.3
1980	314.4	63.2	5.0	7.7
1985	330.0	71.5	4.6	11.7
1990	361.5	83.5	4.3	10.9
1995	381.6	88.7	4.3	9.0
2000	392.8	93.7	4.2	3.9
2005	390.8	95.0	4.1	4.5
2010	386.6	95.5	4.0	3.9

表5-2　　咸阳市农村劳动力从事一产人数及比重变化

年份	农村劳动力中从事一产的人数（万人）	农村劳动力中从事一产人数占总农村劳动力的比重	年份	农村劳动力中从事一产的人数（万人）	农村劳动力中从事一产人数占总农村劳动力的比重
1979	99.97	93.54%	1995	151.87	80.48%
1980	103.82	93.95%	1996	149.89	78.82%
1981	105.37	93.70%	1997	150.76	77.04%
1982	109.24	91.69%	1998	148.99	75.12%
1983	108.69	90.65%	1999	151.25	74.68%
1984	109.42	88.62%	2000	150.17	74.18%
1985	120.11	86.19%	2001	146.64	73.31%
1986	124.17	85.63%	2002	147.7	72.95%
1987	125.09	83.34%	2003	151.55	71.83%
1988	128.35	82.91%	2004	151.79	70.99%

续表

年份	农村劳动力中从事一产的人数（万人）	农村劳动力中从事一产人数占总农村劳动力的比重	年份	农村劳动力中从事一产的人数（万人）	农村劳动力中从事一产人数占总农村劳动力的比重
1989	132.77	83.38%	2005	151.05	70.20%
1990	141.44	83.93%	2006	151	68.00%
1991	146.31	85.60%	2007	145.72	67.28%
1992	148.56	86.61%	2008	142.76	66.89%
1993	149.58	82.14%	2009	137.63	55.30%
1994	149.82	80.61%	2010	130.9	63.90%

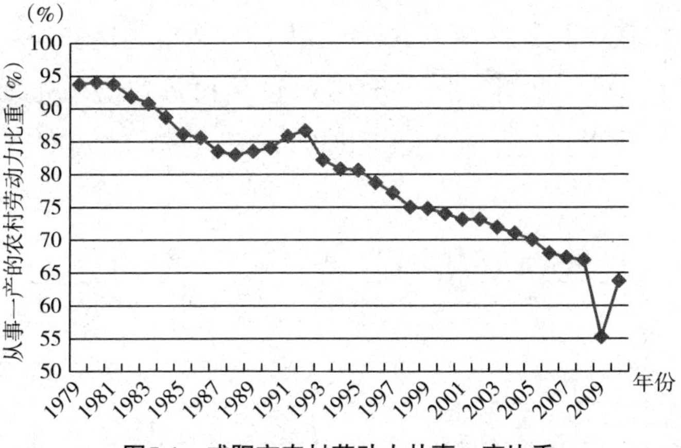

图5-1　咸阳市农村劳动力从事一产比重

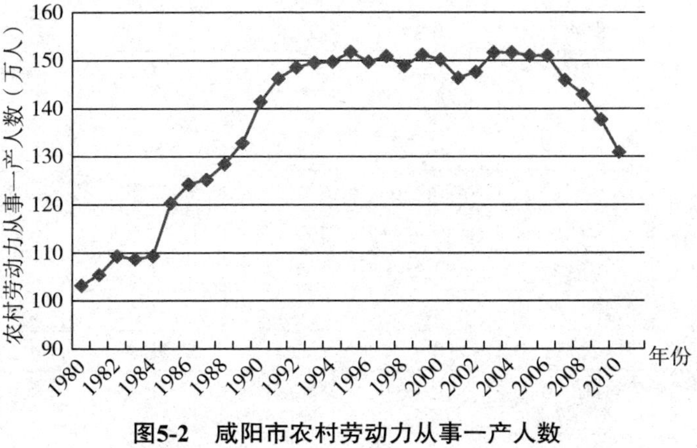

图5-2　咸阳市农村劳动力从事一产人数

5.2.2 农村聚落规模的现状解析

农村聚落规模主要受地形影响，地势平坦且耕地生产力大的地区，农村聚落人口规模一般较大，而受地形因素限制较大的丘陵沟壑区和山区，由于地形导致土地完整性较差，且一般耕地生产力相对较低，则农村聚落人口规模较小。如咸阳市平原、台原区的农村聚落人口规模最大，丘陵沟壑区次之，山区最小。根据统计数据，咸阳市南部平原区和台原区县区200人以下的自然村相对较少，大部分在10%及其以下，1000人以上的自然村较多，其中乾县1000人以上的自然村达55.3%，兴平市也达35.4%。北部丘陵沟壑区的自然村人口规模主要在600人以下，其中长武县200人以下的自然村占46.9%（表5-3、图5-3）。

表5-3　咸阳市不同规模的自然村个数比重（单位：%）

地形地貌	县（区）名	200人以下	201～600人	601～1000人	1000人以上
平原、台原区	秦都区	7.3	13.0	53.6	26.1
	渭城区	5.8	32.2	33.9	28.1
	兴平市	8.8	38.6	17.2	35.4
	三原县	3.1	51.5	35.9	9.5
	泾阳县	25.5	38.2	19.6	16.8
	武功县	10.8	27.8	35.9	25.6
	乾县	2.4	13.1	29.1	55.3
	礼泉县	8.8	22.1	35.6	33.5
丘陵沟壑区、山区	永寿县	30.7	33.3	26.3	9.6
	彬县	20.1	25.2	27.8	26.9
	长武县	46.9	30.1	18.2	4.9
	旬邑县	32.2	34.5	14.7	18.5
	淳化县	32.4	38.1	19.8	9.6
	合计	18.9	32.8	26.2	22.1

注：彬县的自然村合并力度大，因此，其数据较北部整体情况大，下同。

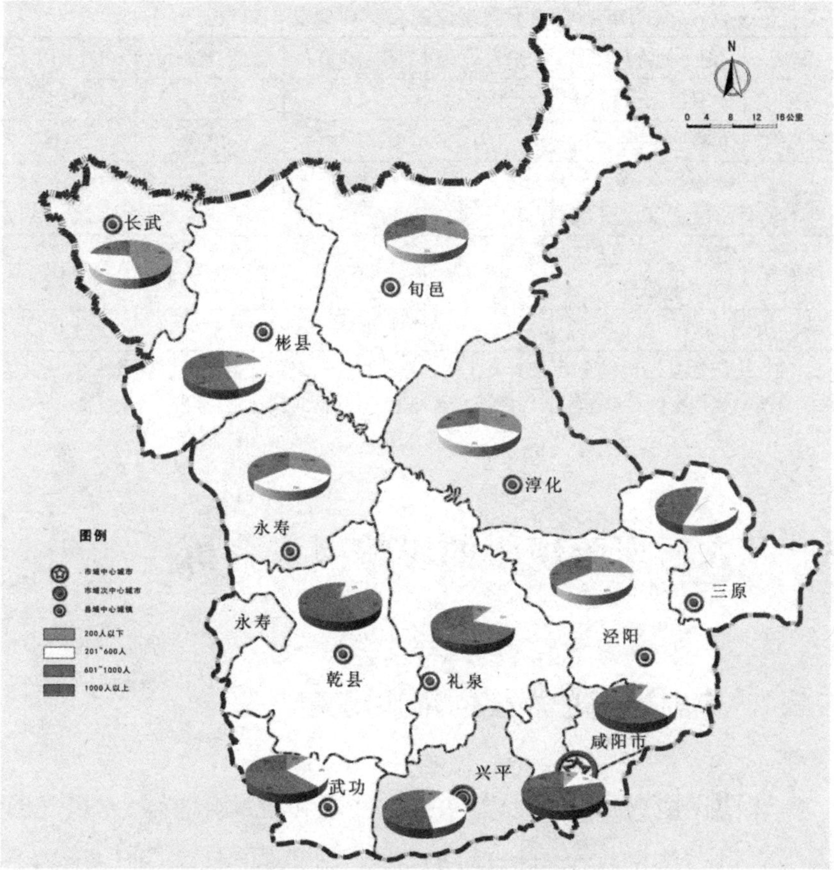

图5-3　咸阳市不同规模的自然村分布

根据咸阳市典型镇自然村的人口规模更能反映农村聚落规模的规律性。平原区的马嵬镇自然村人口规模最大，1000人以上的自然村达到86.4%；位于平原区、台原区和丘陵沟壑区边缘地带的西阳镇和烟霞镇201～1000人的自然村规模较大，其中，西阳镇达80%，烟霞镇达60%；位于黄土原面区的马家镇自然村人口规模较为均衡，以600人以下为主，占72%；位于山区的马栏镇自然村人口规模最小，其中200人以下的自然村达75.5%（表5–4）。

表5-4　咸阳市典型镇不同规模的自然村比重（单位：%）

镇名	地形地貌类型	200人以下	201～600人	601～1000人	1000人以上
马嵬镇	平原区	9.1	4.6	0.0	86.4
西阳镇	平原区、台原区	0.0	40.0	40.0	20.0
烟霞镇	台原区、黄土沟壑区边缘	5.0	22.5	37.5	35.0
马家镇	黄土丘陵沟壑区的黄土原区	36.0	36.0	20.0	8.0
马栏镇	山区	75.5	17.0	5.7	1.9

注：由于彬县自然村合并力度大，现状自然村无法反应实际情况，因此，涉及自然村的分析时，选择同在黄土原面区的淳化县马家镇代替彬县新民镇分析，下同。

5.3　农村聚落规模的影响因素分析

5.3.1　农村聚落总规模的影响因素

根据对农村聚落规模的演变过程和现状解析，人口总规模与人口自然增长率、机械增长率、耕地面积、耕地生产力、农民兼业等因素有关。其中，人口自然增长率和机械增长率共同决定人口综合增长率，从而决定人口规模，耕地面积、耕地生产力和农民兼业程度从耕地承载力角度决定人口规模。

（1）人口综合增长率决定农村聚落的人口规模变化

人口综合增长率由人口自然增长率和机械增长率共同决定。

1）人口自然增长是人口规模变化的根本影响因素

现阶段，人口自然增长率基本维持在稳定水平，对农村聚落的人口规模变化影响不大。人口自然增长率较高时，人口规模增长必然较快，反之，人口规模增长相对较慢。人口自然增长率主要受计划生育政策、育龄人口规模和生育观念等因素影响，由于现阶段，人口自然增长率基本维持在稳定水平（表5–1），因此此处不作进一步讨论。

2）人口机械增长是农村聚落人口规模变化的重要影响因素

农村聚落人口的乡–城流动直接决定农村聚落的人口规模大小。随着城镇化的快速推进，农村人口城镇化是必然趋势，根据托达罗的二元经济理论，农村劳动力转移主要受城乡预期收入差异影响，当转移达到均衡时，一部分劳动力在农业部门，一部分劳动力在城市正规部门，剩余劳动力失业或在城市非正规部门就业。

中国现状乡–城人口流动受3方面影响，即城乡收入差距、城乡设施差距和主观观念。其中，城乡收入差距导致的农村劳动力转移符合二元经济理论，但城乡设施差距和主观观念影响造成的农村劳动力转移是与西方国家不同的劳动力转移原因。

城乡收入差距是城乡人口流动的最初原因。随着农民对生活水平和生活质量要求的提高，农业收入已不能满足农民的消费需求，同时，受城乡收入差距的吸引，农村劳动力向城市大量流动，以收入为主要流动目的的农村劳动力群体主要为35岁以上的男性劳动力。根据调研，咸阳市农村35岁以上的男性劳动力向城市的迁移和流动主要原因符合二元经济理论的假设，35岁以上男性劳动力在城市务工大多为了获取更高收入，同时，收入的高低是其选择具体务工地点的重要原因。

城乡设施水平差距也是我国乡–城人口流动的重要原因。首先，城乡设施水平差距较大。由于我国农村发展长期将重点放在促进农村经济发展和农民收入提高上，对于农村生活环境和设施配置等方面的重视程度相对较低，虽然近几年随着城乡统筹发展的提出，城乡公共服务设施均等化、城乡基础设施一体化正在逐渐实施，但城乡设施差距仍然较大。其次，农村居民对设施的需求和要求提高导致乡–城人口流动。随着农村居民观念的快速变化，其对于设施的需求快速提高，特别是对子女教育的重视导致其对教育设施的要求快速提高，而农村教育设施数量和质量原本就与城市存在差距，再加之农村人口大量减少导致学校荒废、迁并，进一步导致教育设施数量减少和教学质量下降，因此，农村学生择校就读、家长陪读现象日益突出，进而形成一部分因陪读而导致的乡–城人口流动。根据调研数据，咸阳市南部的马嵬镇家长陪读比例最低，为6.3%，中部的烟霞镇家长陪读比例为10.2%，北部的新民镇和马栏镇，家长陪读比例达到20%。由于问卷调查是在村庄内部进行随机抽样，样本均为家中仍有人在农村居住的家庭，而举家迁移或流动到城市的家庭并未计算在内，根据对5个乡镇的闲置宅基地统计，北部山区与丘陵沟壑区，村庄闲置院落约占20%～30%，南部平原区村庄闲置院落约占5%～13%，从农村闲置宅基地数量可大致推算举家迁移的户数。因此，实际农村陪读比例远远高于调研统计数据。陪读主要以35岁以上的女性为主，占陪读人数的83%以上。

观念的改变对于农村劳动力转移的影响主要体现在16～34岁的新一代农民身上。在中国，农民已经被赋予了除职业以外的其他歧视性涵义。城市就是地位、面子的代名词，城市可以满足现代年轻人的精神需求，新生代农民想努力摆脱农民的称呼，因此基本不考虑收入差距，甚至城镇收入低于农村也愿意留在城镇，不愿意回农村从事农业。对于正在上学的学生来说，假如在农村上学，也与现在16~34岁的年轻人思想观念一样，不愿意留在农村。假如本就在城镇上学，自然未来更不想回到农村（表5–5、图5–4）。

表5-5　　咸阳市不同年龄阶段农民流动原因

年龄段	性别	是否愿意在城市务工	是否愿意落户城市	迁移的主要原因
60岁以上	—	否	否	—
45–59岁	男	是	否	主要以务农为主，兼在较近的地方打零工。
	女	否	否	主要以务农为主，照顾家庭。
35–44岁	男	是	否	以务工为主，收入是其选择务工地点的主要原因
	女	是	否	照顾家庭为主，其次，在较近的地方打工，部分受城乡教育设施差距的影响，在城市陪读。
16–34岁	—	是	是	观念影响最大。该年龄段人口追求城市生活，不愿意留在农村，城乡收入差距对其影响不大，即使城镇收入低于农村，也愿意待在城镇，甚至未来也不愿意回农村。希望能在城镇买房。
15岁以下	—	是	是	上学阶段，由于城乡教育设施差距，部分学生已在城市上学，因此，未来更不想回到农村。

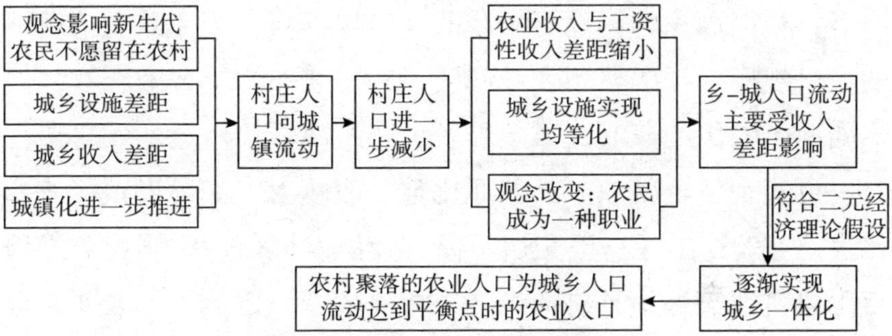

图5-4　乡-城人口流动趋势模拟

（2）耕地面积和耕地生产力决定耕地可以养活的农业人口

耕地面积和耕地生产力决定耕地产值，在一定收入水平下，其进而决定耕地能够养活的人口。根据二元经济理论，城乡收入差距达到均衡时，乡-城人口流动才能达到均衡，此时的人口规模即均衡状态下的人口规模。也就是说只有人均农业收入达到一定水平才能使得城乡收入差距达到均衡，则在耕地面积一定的前提下，现有耕地能够养活的一定收入水平下的人口数量也是一定的，超过该数量，从耕地所获得的收入将不能达到需求，就会出现农村人口向城市的流动。

（3）农民兼业行为使得耕地可养活的人口规模增大

农民兼业即农民农忙时务农，农闲时务工的情况。兼业农民的收入包括农业收入和非农业收入，其部分收入依靠农业，同时又不完全依靠农业。根据耕地可养活的农业人口分析，城乡人口流动均衡时，耕地养活的农业人口若存在兼业情况，则农民人均需从耕地上获得的收入小于不存在兼业时收入完全来源于农业情况下的农业收入，也就是说，农民在兼业情况下，相同面积的耕地可承载的人口规模将大于无兼业情况下的人口规模。根据典型乡镇调研，农民兼业情况普遍存在，但不同地区农民的兼业比重差异较大。距离城市较近的农村聚落农民可实现就近就业，其兼业比重一般较大，如马嵬镇，兼业比重达43%；山区一般交通不便，经济发展落后，居民务工地点距离耕地较远，且耕地生产力相对较差，因此，其兼业比重较低，如马栏镇，兼业比重仅为6.9%；镇区工业较为发达的农村聚落，也可一定程度上实现部分就近就业，但由于一般乡镇企业吸纳劳动力能力相对较弱，因此，其兼业比重也相对较大，但小于距离城市较近的农村聚落，如西阳镇的兼业比重为22.9%，远远小于城郊聚落马嵬镇，但却大于其他乡镇（表5–6）。

表5-6　咸阳市典型乡镇农民兼业比重

镇名	地形地貌类型	务农人数（人）	其中，兼业人数（人）	兼业比重（%）
马嵬镇	平原区	782	336	43.0
西阳镇	平原区、台原区	397	91	22.9
烟霞镇	台原区、黄土沟壑区边缘	852	89	10.4
新民镇	黄土丘陵沟壑区的黄土原区	505	78	15.4
马栏镇	山区	232	16	6.9

5.3.2　农村聚落各等级规模的影响因素

（1）公共服务设施的门槛人口决定农村聚落的最小规模

按照中心地理论，门槛人口是维持中心地职能所必须满足的最小人口规模，或支持一项商业活动所必须的购买力[96]，低于此门槛，提供货物或服务的中心地就无法盈利，导致其无法正常运营或破产。为了加强公共服务设施配套，推进城乡基本公共服务均等化，村庄人口规模必须大于或等于公共服务设施的门槛人口。如咸阳市农村常住人口减少导致农村小学的撤并问题便证明了公共服务设施正常运营必须满足门槛人口要求。如新民镇常住人口占户籍人口比重仅为56%，撤并的小学个数占撤并前小学总个数的59%，小学服务范围由1个村增加到约2.4个村，服务半径由1.1km增加到1.8km（表3–16）。

（2）耕作半径影响农村聚落的最大规模

耕作半径是指农村聚落距离耕地的最远距离[54]，耕作半径影响农村聚落重构中各等级农村聚落的最大规模。耕地是农村聚落的重要组成部分，也是农民搬迁的最大顾虑之一，农村聚落搬迁的最大距离不能超过其耕作半径的合理范围，否则会导致农民耕作不便，耕作成本快速增加，不利于农村聚落重构的实施。因此，农村聚落能够搬迁的最大距离直接影响各等级农村聚落的最大规模。

5.4 农村聚落适宜规模的理论探讨

参考经济学的收益成本曲线及刘彦随等相关研究[128]，从理论上探讨农村聚落的适宜规模和最佳规模。农村聚落的适宜规模即平均收益大于平均成本的规模区间，最佳规模即适宜规模区间中，净收益达到最大值时的农村聚落规模。

5.4.1 农业收益角度的农村聚落适宜规模

二元经济理论中古典主义认为农业存在边际生产率为零的情况，而新古典主义否认农业存在边际生产率为零的情况。笔者认为农业生产效率的提高导致农村出现了边际生产率为零，甚至为负的劳动力，即剩余劳动力，以此为假设前提分析农村劳动力转移的可能过程，如图5-5，TB为农业总收益，AB为平均收益，MB为边际收益。第一阶段，随着农业生产效率的提高，农村出现边际生产率为负的剩余劳动力，这一部分劳动力并未带来农业产值的增加，反而一定程度上使得农业的总效益下降，随着这部分边际生产率为负的劳动力向城市转移，农业劳动力数量下降，农业的总效益提高，直到边际生产率为负的劳动力转移全部实现转移，第一阶段结束；第二阶段，由于城乡预期收入差异、设施差异和观念的影响，农村劳动力中边际生产率大于零的劳动力也向城市转移，此时，带来农业总收益的小幅下降，直到平均收益与边际收益相等，此时，平均收益达到最大值，第二阶段结束；第三阶段，随着农村劳动力的进一步转移，农业的平均收益小于边际收益，劳动力的进一步转移导致大量土地荒废，且土地利用效率下降，造成农业总收益下降；第四阶段，边际收益达到最大值，随着农村劳动力的进一步减少，总收益将快速下降，此阶段由于农村劳动力的大量缺乏，可能会使得城乡收入差距快速缩小，农村劳动力出现回流，直至回流到合理规模，达到最终均衡。

以农业收益最大化为前提，农村劳动力理论上的最佳规模为h_1（图5–5），此时，农业总收益TB达到最大值。当平均收益

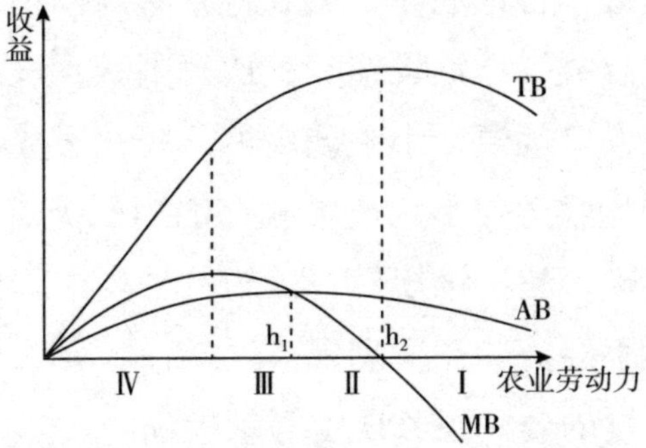

图5-5　农业收益角度的农村聚落适宜规模

资料来源：刘彦随等.中国新农村建设地理论[M].北京：科学出版社.2011：86–87.　有改动。

AB开始下降时，劳动力规模出现明显不足，则h_2的农村劳动力规模为理论上的最小合理规模。因此，农村聚落的适宜规模应为h_1到h_2区间的农村劳动力规模与带眷系数的乘积。

5.4.2 设施成本收益角度的农村聚落适宜规模

农村聚落规模变化下的设施成本收益曲线如图5-6所示。AC曲线表示设施平均成本，AB曲线表示设施平均收益。根据规模经济原理，农村聚落规模增加初期会带来设施配置运营平均成本下降。根据现状调研，村庄人口减少导致设施配置运营成本提高，部分设施无法正常运营。当人口规模增加时，基础设施配置运营平均成本下降，如图中的AC曲线，但当超过某一规模时，平均成本则转为上升。同理，农村聚落规模增加首先会带来设施平均收益上升，如图中的AB曲线，根据规模效益递减规律，当达到某一规模时，平均收益转为下降。

从设施的成本收益对比来看，图中h_1到h_5区间的农村聚落规模为适宜规模。图中平均收益与平均成本相交的第一个点h_1为农村聚落的最小合理规模，当农村聚落规模小于h1时，平均成本大于平均收益，导致设施配置运营困难，该点也为公共服务设施的门槛人口规模，小于该规模，公共服务设施无法正常运营。图中平均收益与平均成本相交的第二个点h_5为农村聚落的最大合理规模，超过该规模，设施的平均成本也大于平均收益，属于规模不经济。在适宜规模区间，随着农村聚落规模的增大，可以配置的公共服务设施等级提高。

图中h_3为平均净收益最大的农村聚落规模，即为农村聚落的最佳规模。在此规模下，农村聚落的平均净收益最大，规模经济效益最高，为理论上农村聚落的最佳规模。h_2为平均成本最小的农村聚落规模，h_4为平均收益最大的农村聚落规模，在h_2点的农村聚落规模满足成本最小化，h_4点的农村聚落规模满足收益最大化，其也为不同前提下的最佳规模。

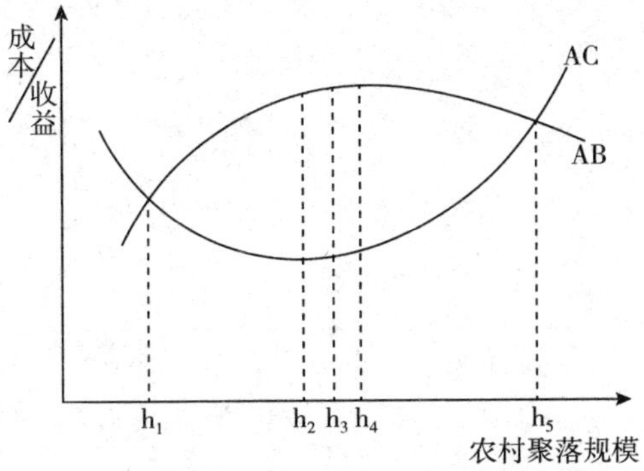

图5-6　设施成本收益角度的农村聚落适宜规模

5.4.3　耕作成本和设施成本均衡角度的农村聚落适宜规模

在农村聚落重构过程中，农村聚落搬迁是必然趋势，在一定地形地貌区和发展水平下，耕作半径存在最大值，即超过耕作半径最大值，农民的实际耕作成本和心理成本都会快速上升。如图5–7中的LAC耕作平均成本曲线，h_2为耕作半径的最大合理范围，当超过最大合理半径时，农民的耕作成本将会快速增大。随着农村聚落规模的增大，从农户视角分析的设施成本将逐渐下降，如图中的IAC设施平均成本曲线，则h_2为设施成本和耕作成本之和最小的点，因此，h_2为农村聚落的最佳规模。

图中IAB为设施收益曲线，在h_1点，设施的平均收益与平均成本相等，若农村聚落规模小于h_1，则平均成本大于平均收益，属于规模不经济，则h_1为农村聚落的最小规模，因此，h_1到h_2区间的农村聚落规模为适宜规模。

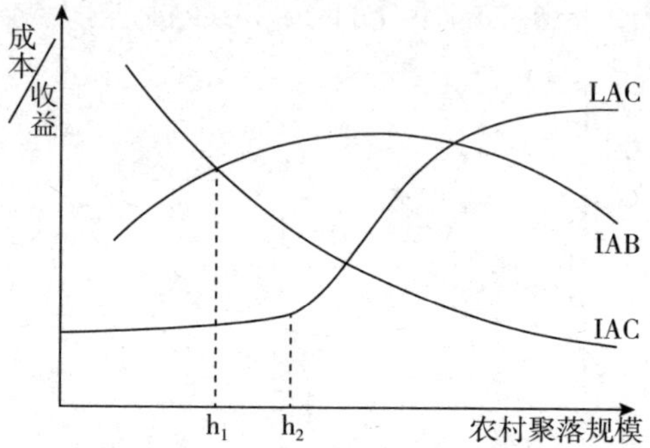

图5-7　耕作成本和设施成本角度的农村聚落适宜规模

5.5　农村聚落规模预测

5.5.1　农村聚落总规模预测

农村聚落的人口规模包括农业人口和镇区的城镇人口，城镇人口可结合城镇未来发展规划进行预测，此处重点讨论农业人口规模预测。

笔者根据农村聚落总规模的影响因素，提出耕地承载力法预测农业人口。耕地承载力法原理为根据城乡劳动力转移平衡点确定农村土地所能养活的农业人口数量。假设镇域可耕种土地面积不变，单位面积纯收入与城镇居民人均可支配收入同比例增长，公式如下：

$$Q=\sum_{i=1}^{n}\frac{A_iB_i}{\alpha\beta R} \tag{5.1}$$

其中，Q为农村聚落的农业人口规模（人）；i为标准作物类型；A为标准作物播种面积（公顷）；B为标准作物单位面积纯收入（元/公顷）；R为城镇居民人均可支配收入（元/人）；α为预期城乡人均收入比的倒数；β为兼业系数。标准作物选取镇域主要作物类型，播种面积按照现状面积比例及对未来农业结构的预测进行确定。

城乡劳动力转移平衡点即城乡劳动力流动稳定时的状态。根据农村劳动力转移过程分析，到一定阶段，农村劳动力流动主要原因将仅为城乡收入差距，借鉴发达国家经验，美、英等国家的城乡收入差距为1.5时城乡劳动力流动趋于稳定。因此，可假设我国城乡差距缩小到1.5时，城乡劳动力流动趋于稳定，根据公式（5.1）预测农村聚落的农业人口规模。

5.5.2　农村聚落各等级最小规模预测

保证不同等级正常运营，需满足其职能的门槛人口规模。根据不同等级农村聚落必须配置的设施标准分析和计算，教育设施的配置人口门槛最高，若农村聚落的人口规模能够满足教育设施的配置标准，便能满足其他设施的配置标准，因此，将教育设施的人口门槛作为各级农村聚落的最小规模。公式如下：

$$P_{min}=N/\gamma \tag{5.2}$$

其中，P为农村聚落的最小规模，N为学校每个年级最少学生人数，γ为人口出生率。

参考《陕西省普通中小学校、幼儿园办学（园）标准》

中对城市幼儿园每班最少20人的配置标准，结合农村实际情况和其他地区农村幼儿园配置标准，确定农村幼儿园每班最少15人。标准中规定初级中学最少12班，50人/班，普通高级中学最少18班，50人/班，则幼儿园、初级中学和普通高级中学每级人数至少分别为15人、200人和300人，按照10‰的出生率，根据公式（5.2），配置人口门槛分别为1500人、20000人和30000人。

根据《农村普通中小学校建设标准》，农村非完全小学最少4班，30人/班，完全小学最少6班，45人/班，则非完全小学和完全小学每级人数分别至少为30人和45人，根据公式（5.2），配置人口门槛分别为3000人和4500人。

因此，丘陵沟壑区和山区农村聚落等级体系中重点镇、中心社区和一般社区的最小规模分别为20000人、4500人和1500人，其中地形限制较大的山区，可适当设置教学点。平原区、台原区和黄土高原的黄土原区各等级农村聚落最小规模分别为30000人、20000人和3000人。

5.6 本章小结

（1）农村聚落规模演变经历了快速增长阶段、缓慢增长阶段和快速下降阶段；不同地形区的农村聚落规模差异较大。其中，地势平坦且耕地生产力大的地区，农村聚落人口规模较大，而受地形因素限制较大的丘陵区和山区，农村聚落人口规模较小。

（2）农村聚落总规模受人口综合增长率、耕地面积和耕地生产力、农民兼业行为影响。其中，人口自然增长率和机械增长率共同决定人口综合增长率，现阶段，我国人口自然增长率基本维持在稳定水平，因此，农村聚落人口规模主要受人口机械增长率影响。人口机械增长率由乡–城人口流动规模决定，在我国，乡–城人口流动受3方面影响，即城乡收入差距、城乡设施差距和主观观念，其中，城乡设施差距和主观观念影响造成的农村劳动力转移是与二元经济理论不同的劳动力转移原因；农村聚落各等级规模则受公共服务设施的门槛人口和耕作半径影响。

（3）借鉴经济学的收益成本曲线，从农业收益角度、设施成本收益角度、耕作成本和设施成本均衡角度构建了农村聚落适宜规模的理论模型，提出适宜规模的合理区间和最佳规模点值，认为农村聚落的适宜规模会随着时间变化而变化，而最佳规模一般在实际中并不存在。

（4）根据农村聚落总规模的影响因素分析，提出耕地承载力法预测人口规模，并构建了农村聚落总规模的计算模型；根据公共设施的门槛人口，确定了各等级农村聚落的最小规模标准。丘陵沟壑区和山区农村聚落等级体系中重点镇、中心社区和一般社区的最小规模分别为20000人、4500人和1500人，其中地形限制较大的山区，可适当降低。平原区、台原区各等级农村聚落最小规模分别为30000人、20000人和3000人。

第六章

农村聚落的空间布局重构

农村聚落的空间布局是不同等级农村聚落在空间上的位置和相互关系，是农村聚落体系落实到空间上的重要内容。农村聚落空间布局重构在城乡空间合理分配视角下，以交通指向和设施指向为导向，以实现城乡基本公共服务均等化为目标，合理布局不同等级农村聚落。农村聚落空间布局重构在空间布局历史演变和现状解析基础上，分析空间布局的影响因素、动力机制和演变趋势，最后，提出空间布局的重构模式。

6.1　农村聚落空间布局的历史演变

6.1.1　历史演变

农村聚落空间布局的历史演变经历了水源指向性—耕地指向性—交通指向性的过程，根据其空间布局指向性变化将其演变过程分为3个阶段，即水源指向性阶段、水源指向性向耕地指向性转变阶段、耕地指向性向交通指向性转变阶段。

（1）水源指向性阶段

水源指向性即农村聚落的空间布局将水源位置作为首选条件，原始聚落布局的水源指向性明显。早期，人类改造自然的能力较弱，农村聚落的空间布局以顺应自然为主，水源作为人类生存的基础保障，成为农村聚落布局的首选地点（图6–1）。如五六千年前，咸阳市境内的原始聚落主要分布在泾河、渭河、沣河和漆河两岸，河流可为居民提供饮水和鱼类食物，河流阶地平坦、土地肥沃，适合种植业发展，因此，河流两岸为早期聚落的聚居地，据1988年文物普查结果，咸阳全市共有600多处商、周以前的沿河聚落遗址。

（2）水源指向性向耕地指向性转变阶段

随着凿井技术发展，水源指向性向耕地指向性转变，农村聚落布局范围扩大。凿井技术的发展使得农村聚落布局摆脱了水源位置的限制，可以向更大区域扩张。如咸阳市在商、周时期，居民开始凿井引水，聚落分布范围逐渐扩大，泾河流域永寿县南部的山梁上、武功周围的平原上均发现先周时期的农村聚落遗址；随着水源指向性的减弱，受农民主要收入来源为农业的影响，农民对耕地的绝对依赖程度提高，同时，农业机械化程度较低，步行和畜力车是日常主要出行方式，导致耕作半径较小，为了方便耕种土地，农村聚落布局出现较强的耕地指向性（图6–1）。

在耕地指向性下，随着人口规模增加，农村聚落出现延伸式扩张和跳跃式扩张。初期跳跃式扩张是在荒地上建立新聚落，当所有荒地都被开垦完后，通过提高耕地质量，改造中低产田，增加单位耕地面积产量，在原聚落之间形成新聚落（图6–2）。咸阳市在1952年之前，农村聚落的耕地面积呈增加趋势，而1952年后，耕地面积开始下降。随着农业人口的增加，人均耕地面积呈快速下降趋势，1949～1978年，人均耕地面积由0.37公顷（约5.5亩）下降到0.13公顷（约2.4亩）（图6–3）

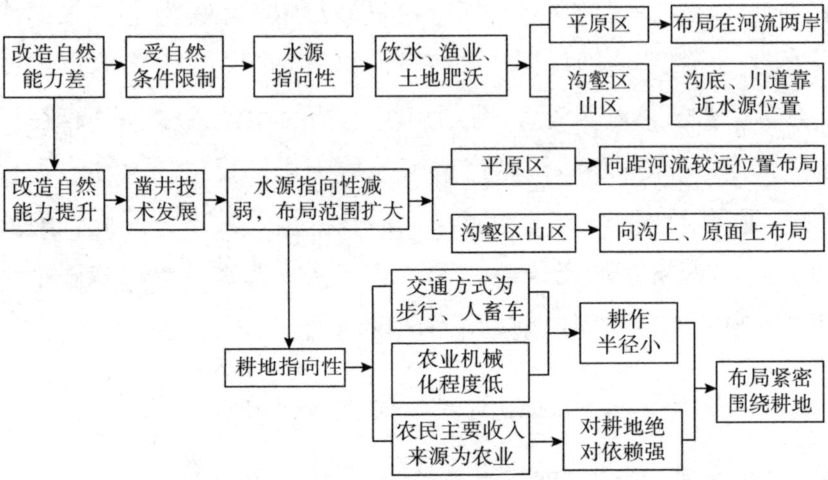

图6-1　水源指向性及向耕地指向性转变阶段

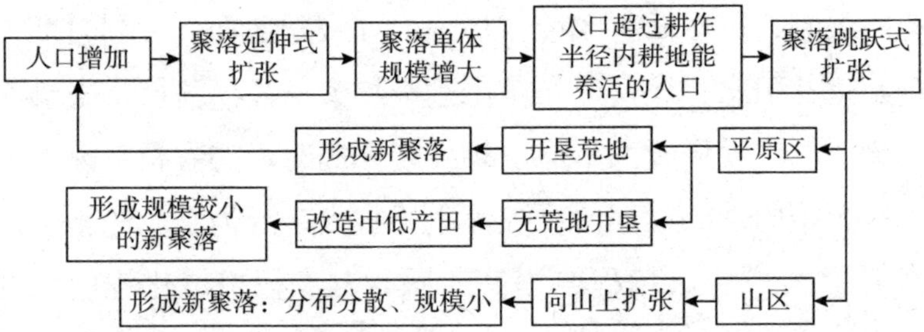

图6-2　耕地指向性下农村聚落扩张模式

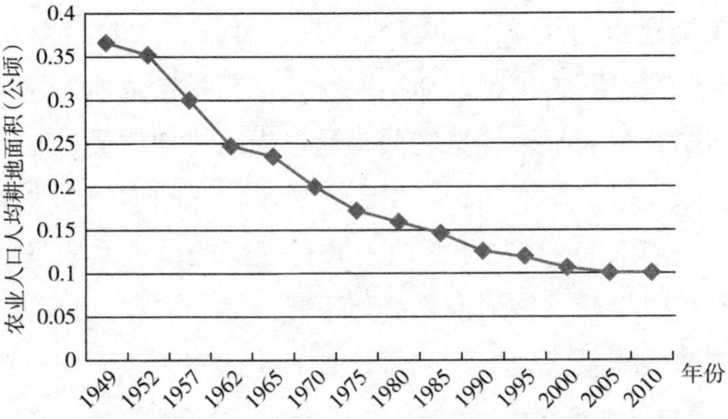

图6-3　咸阳市农业人口人均耕地面积变化

表6-1　咸阳市耕地总面积和农业人口人均耕地面积变化

年份	耕地面积（万公顷）	农业人口人均耕地面积（公顷）	年份	耕地面积（万公顷）	农业人口人均耕地面积（公顷）
1949	56.3	0.37	1980	50.6	0.16
1952	59.5	0.35	1985	48.8	0.15
1957	58.0	0.30	1990	47.6	0.13
1962	54.8	0.25	1995	44.8	0.12
1965	56.3	0.23	2000	40.8	0.11
1970	54.9	0.20	2005	37.9	0.10
1975	52.3	0.17	2010	35.9	0.10
1978	47.2	0.13			

（3）耕地指向性向交通指向性转变阶段

随着工业化和城镇化的快速发展，农村聚落布局的交通指向性增强。随着农村劳动力向城市流动，农民需求向多元化和社会化转变，生产关系也逐渐市场化，导致人流、物流联系频繁，交通作为人流、物流的支撑条件，对农村聚落布局的影响逐渐增强；其次，交通方式由步行和人力、畜力逐渐向自行车、电动车、摩托车、汽车转变，交通工具的行驶对于道路的依赖性增强；再次，经济距离逐渐取代路程距离成为影响农村聚落布局的重要条件，交通沿线，特别是主要交通干线沿线的出行经济距离相对较短，因此，农村聚落逐渐向交通沿线搬迁（图6–4）。

农村聚落布局的耕地指向性减弱。随着交通工具的改进和农业机械化程度的提高，耕作半径逐渐扩大，再加之农民收入主要来源中农业收入比重大大降低，导致农民对耕地的绝对依赖程度降低。

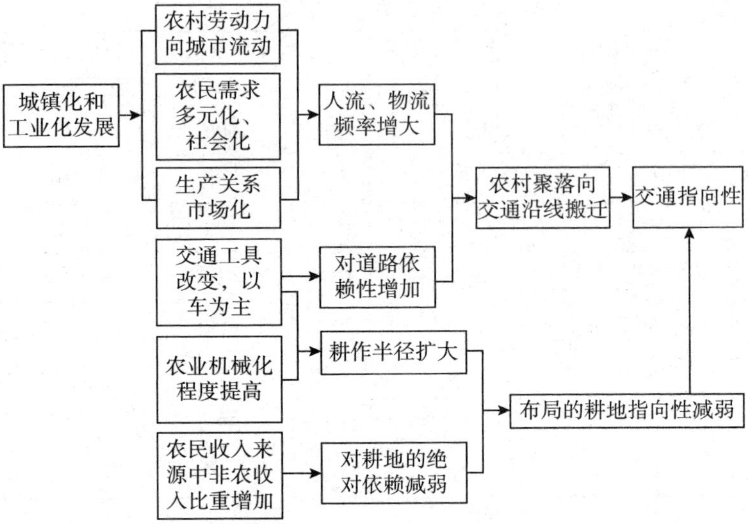

图6-4　耕地指向性向交通指向性转变阶段

6.1.2　演变模式

（1）平原区演变模式

平原区地势平坦、用地完整，农村聚落布局不受地形条件限制，大多呈团块状布局。其演变过程可能是：早期由于人口规模较小，聚落数量少、分布密度小。随着人口规模增加，聚落呈现以原聚落为核心向四周的延伸式扩展趋势，原聚落规模逐渐增大。由于农业经济条件下耕作半径较小，随着聚落人口的进一步增加，耕作半径范围内的人均耕地面积下降，当人均耕地面积下降到不能维持正常生活时，新增人口便会在荒地建立新的聚落，形成跳跃式扩张。当所有荒地都被开垦完后，耕地面积已无增长空间，人们转向提高耕地质量，改造中低产田，单位耕地面积产量增加，人均所需耕地面积便有了减少的空间，因此，新聚落便在原聚落之间形成，但受耕地数量限制，新聚落一般规模较原聚落小。随着交通指向性的增强，农村聚落逐渐向交通沿线布局。平原区最终形成密度大、规模相对较大、呈现团块状布局的农村聚落空间布局特征（图6–5）。

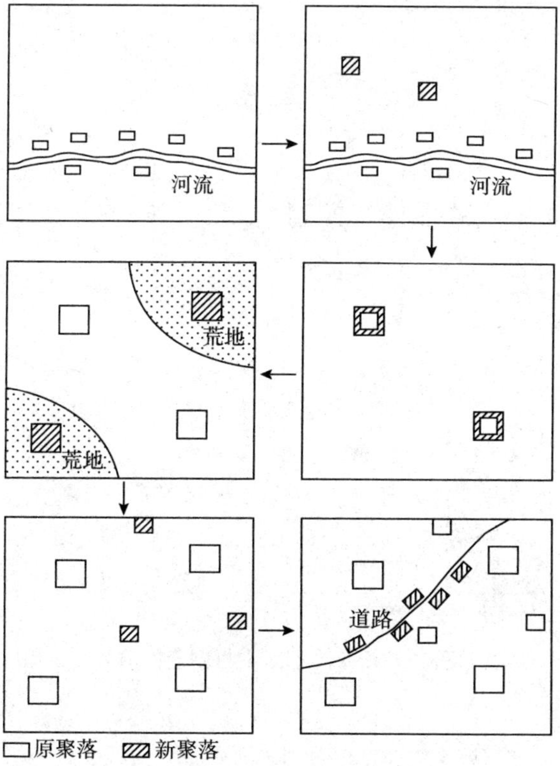

图6-5　平原区农村聚落的演变

（注：河流沿岸分布变化不大，图中从第3幅开始省去河流沿线分布分析）

（2）丘陵沟壑区演变模式

丘陵沟壑区的农村聚落受地形限制相对较大，但随着向原区的搬迁，地形限制逐渐减弱。早期由于建房技术落后、建筑材料缺乏等因素，丘陵沟壑区的农村聚落多分布在沟壑侧面，沿等高线布局，或在坡度相对较小的台面呈带状布局，由于受用地条件和可用地面积的限制，聚落一般规模较小。随着经济的发展，丘陵沟壑区的农村聚落逐渐向平坦的原区搬迁，其布局受地形的限制也逐渐减弱。在原区的演变过程与平原区类似，唯一不同的是原来位于沟壑区的农村聚落被逐渐废弃（图6–6）。

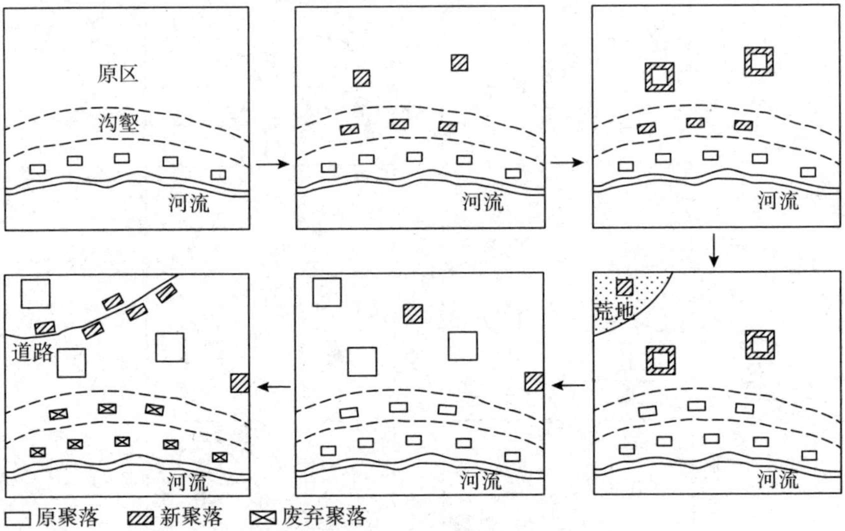

图6-6　丘陵沟壑区农村聚落的演变

（3）山区演变模式

山区农村聚落布局受地形限制较大，其演变呈现“集中→分散→集中”的过程。早期，人口较少，农村聚落主要布局在山脚线或河谷较为平坦的区域，随着人口规模增大，平坦地区的用地已不能满足生产生活需要，农村聚落便向山上扩张，由于山上耕地生产条件较差，且平坦用地更少，因此，新的聚落规模更小，且分布更分散。在现代社会，人们对生活质量要求提高，山区分散的聚落布局无法实现设施配套，再加之退耕还林政策的实施和人们对耕地绝对依赖的减弱，中高山农民有向平坦地区集中的趋势（图6–7）。

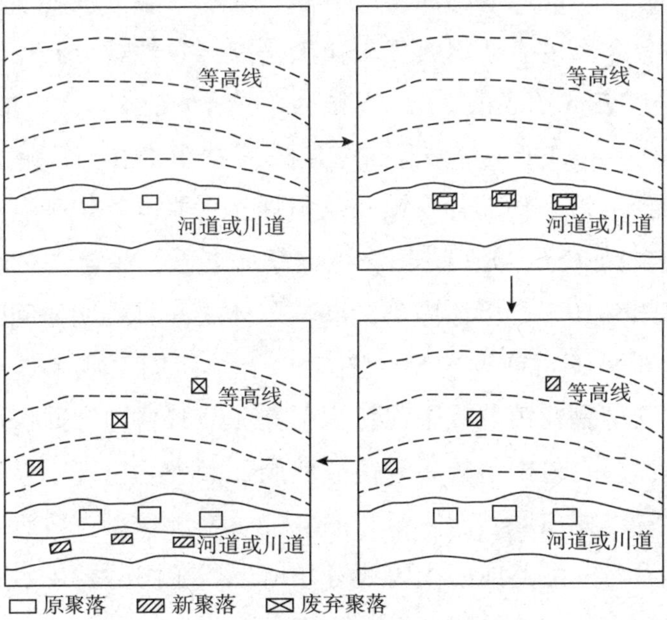

图6-7　山区农村聚落的演变

6.2　农村聚落空间布局的现状解析

农村聚落的空间布局现状解析以咸阳市为例，分析不同地形地貌区的农村聚落空间布局特征，为农村聚落空间布局重构提供基础。

6.2.1 平原区和台原区的农村聚落分布密度大、单体呈块状布局，且单体内部布局紧凑

平原区和台原区地势平坦、用地完整，且耕地的生产力相对较高，因此，农村聚落的分布密度相对较大。如咸阳市从自然村分布密度看，以县为单位的平原区自然村分布密度约为0.8～1.0个/km^2（表6–2），以镇为单位平原区的自然村分布密度约为0.4～3.1个/km^2，分布密度最大的集中在渭河冲积平原的武功县、兴平县部分乡镇和泾阳县、三原县等位于泾河冲积平原的乡镇（图6–8）。从农村聚落形态看，聚落单体呈块状布局（图6–10），单体内部紧凑，单体之间具有明显间隔，聚落群分布呈随机或均匀型（图6–11）、四周型或串珠型。其中，四周型是在镇域范围内，为了充分节省耕地，并保证耕地的完整性，农村聚落分布于镇域四周，而中间呈现中空态势的布局形式，如三原县西阳镇（图6–12）。串珠型主要为农村聚落群体沿河、沿路或沿山脚线分布所形成（图6–13）。在平原区沿主干道分布的趋势并无丘陵沟壑区明显。

表6-2 咸阳市农村聚落密度（单位：个/km^2）

地形地貌	县（区）名	自然村密度	行政村密度
平原、台原区	秦都区	0.53	0.44
	渭城区	0.46	0.39
	兴平市	0.88	0.38
	三原县	0.96	0.24
	泾阳县	0.91	0.24
	武功县	1.02	0.44

续表

地形地貌	县（区）名	自然村密度	行政村密度
平原、台原区	乾县	0.41	0.21
	礼泉县	0.43	0.27
	永寿县	0.43	0.25
丘陵沟壑区、山区	彬县	0.21	0.19
	长武县	0.65	0.27
	旬邑县	0.22	0.09
	淳化县	0.35	0.18

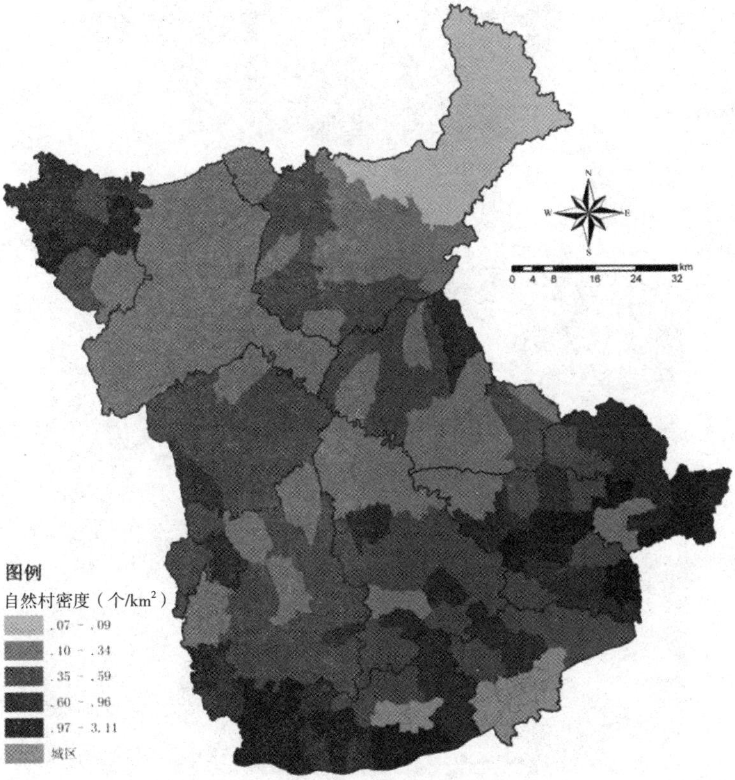

图6-8　咸阳市自然村密度

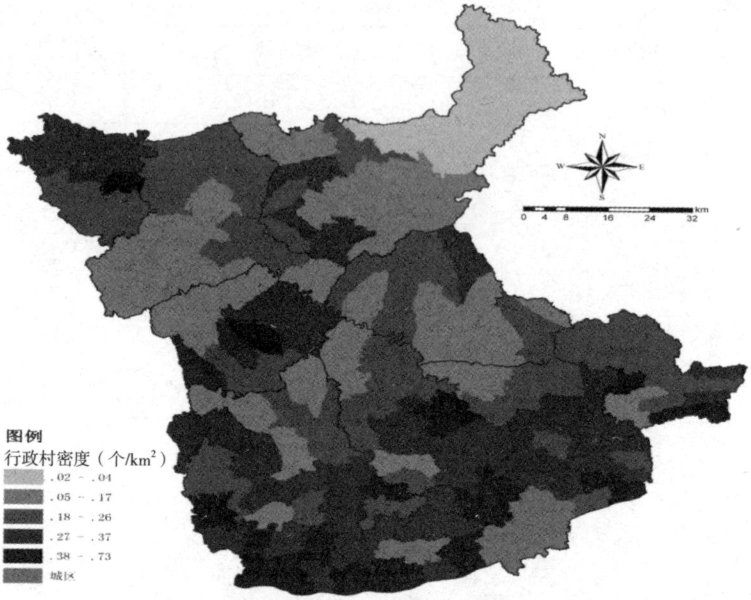

图6-9　咸阳市行政村密度

图6-10　平原区农村聚落单体块状形态

图片来源：google地图

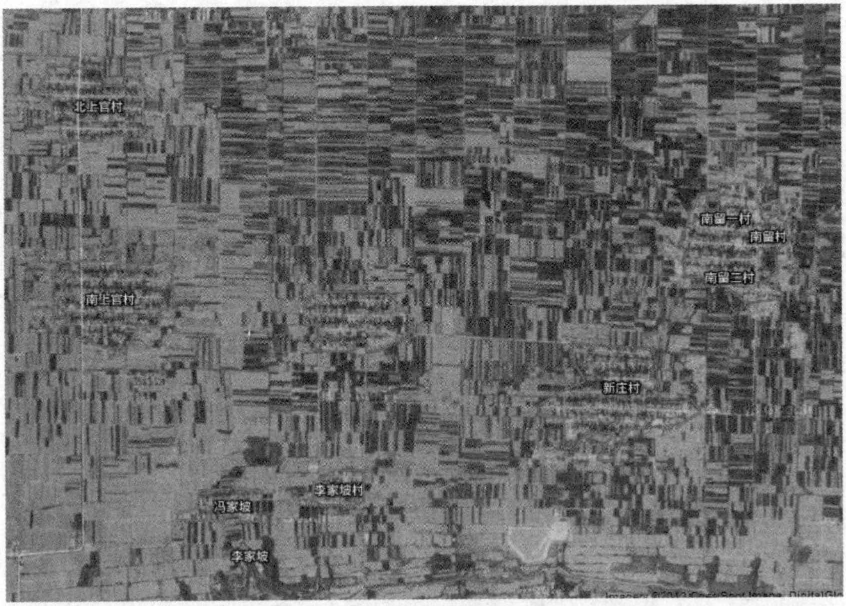

图6-11　平原区农村聚落均匀分布

图片来源：google地图

图6-12　农村聚落在镇域范围内呈四周型分布

图片来源：google地图

图6-13　平原区的农村聚落群沿道路串珠状分布

图片来源：google地图

6.2.2　丘陵沟壑区的农村聚落整体分布密度小，但原面区的农村聚落分布密度大，聚落单体形态复杂、布局散乱

丘陵沟壑区受地形限制，用地较平原地区完整性相对较差，但原面地区相对平坦，因此，沟壑区的农村聚落密度相对较小，但原面区的农村聚落密度却相对较大。如咸阳市从自然村分布密度看，以县为单位的黄土丘陵沟壑区自然村分布整体密度略小于0.4个/km^2，但大部分位于黄土原面区的长武县自

然村分布密度却达到0.65个/km²（表6-2），以镇为单位，丘陵沟壑区的马家镇自然村分布密度为0.37个/km²，但位于黄土原面区的长武县丁家镇自然村分布密度却达到0.82个/km²（图6-8），这是由于丘陵沟壑区的自然村分布整体密度小是将沟壑的面积计算在内，而长武县北部乡镇位于平坦的黄土原面，证明丘陵沟壑区的黄土原面自然村分布密度较大，仅是沟壑内部密度较小。同时，部分黄土原面乡镇的自然村分布密度甚至大于平原区和台原区的分布密度，主要原因是黄土原面区的农村聚落规模相对较小，自然村数量较多。如丁家镇的自然村密度为0.82个/km²，远远大于南部平原区的马嵬镇的0.47个/km²（表6-3）。从农村聚落形态看，聚落单体呈块不规则状布局，在沟壑边缘，一般围绕沟壑边缘呈弧圈型布局，在原面区，呈现沿道路带状布局形态。单体内部布局分散，单体没有明显间隔，分布散乱（图6-14、6-15）。

表6-3　咸阳市典型镇自然村分布密度（单位：个/km²）

镇名	地形地貌类型	自然村分布密度
马嵬镇	平原区	0.47
西阳镇	平原区、台原区	0.72
烟霞镇	台原区、黄土沟壑区边缘	0.44
马家镇	黄土丘陵沟壑区的黄土残原区	0.37
丁家镇	黄土丘陵沟壑区的黄土原区	0.82
马栏镇	山区	0.07

注：典型镇中加入了长武县丁家镇是为了说明黄土丘陵沟壑区以镇为单位的自然村分布密度小主要是算入了沟壑区的面积，根据调研，沟壑区的村庄大多都已搬迁到原区，而原面区的自然村密度较大，如长武县的丁家镇。

图6-14　黄土原区的农村聚落群体不规则分布

图片来源：google地图

图6-15　黄土原区的农村聚落单体的不规则分布和沿道路带状分布形态

图片来源：google地图

6.2.3　山区农村聚落主要沿平坦地分布，聚落单体规模小、密度小

山区受地形限制较大，用地破碎，平坦地面积小，且耕地生产力相对较低，因此，其农村聚落分布规模小且密度小。如咸阳市从自然村分布密度看，山区马栏镇的自然村分布密度仅为0.07个/km^2，远远小于其他地区。从农村聚落形态看，聚落单体沿平坦地呈小块状布局或沿道路带状布局（图6-16、6-17）。

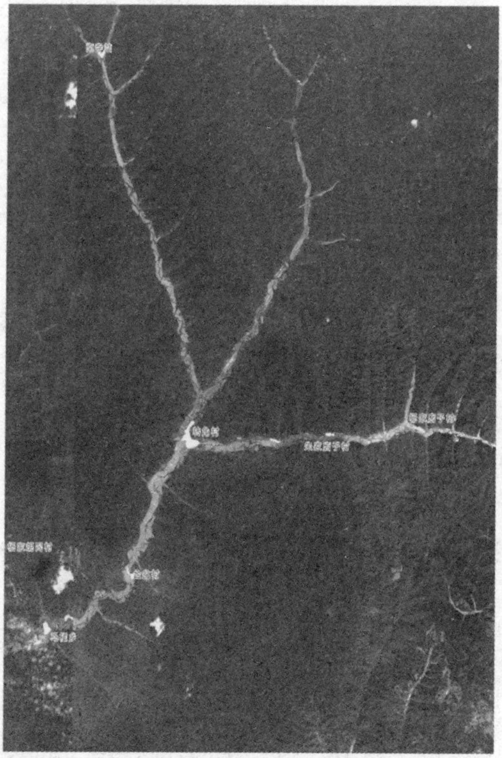

图6-16　山区农村聚落分散分布（黄色斑块）

图片来源：google地图

图6-17　山区农村聚落单体形态

图片来源：google地图

6.3　农村聚落空间布局的影响因素和动力机制

6.3.1　农村聚落空间布局的影响因子确定

（1）构建因子体系

农村聚落演变是多因素综合影响的结果，为了全面分析农村聚落演变的影响因子，根据对农村聚落演变和现状特征分析，结合已有研究对农村聚落演变影响因素的综合分析，最终选取16项因子构建因子体系[45，49–54，63，123–126]。因子体系主要包括自然及资源因素、经济因素和社会文化因素3大类因子（表6–4）。

表6-4 农村聚落空间布局影响因子体系

项目层	因子层	参考文献中引用情况												次数	频率	排序
自然及资源因素	地形地貌		▲	▲	▲	▲	▲		▲	▲	▲	▲	▲	10	0.83	1
	水源			▲	▲	▲	▲		▲		▲	▲		7	0.58	3
	气候					▲	▲		▲					3	0.25	9
	地质						▲							1	0.08	14
	耕作半径						▲	▲						2	0.17	12
经济因素	城镇化	▲									▲	▲	▲	4	0.33	7
	经济发展水平			▲	▲		▲		▲		▲			5	0.42	5
	产业结构	▲				▲							▲	3	0.25	9
	交通条件	▲		▲			▲	▲				▲	▲	6	0.50	4
	公共服务设施建设						▲							1	0.08	141
社会文化因素	人口因素	▲	▲	▲	▲	▲	▲		▲			▲		8	0.67	2
	家庭结构				▲	▲			▲					3	0.25	9
	居民观念	▲								▲				2	0.17	12
	农民收入								▲					1	0.08	14
	政策制度		▲		▲	▲			▲				▲	5	0.42	5
	文化因素				▲				▲		▲		▲	4	0.33	7

（2）确定因子权重

采用层次分析法和特尔斐法，发放20份专家问卷，根据问卷结果，综合确定因子重要性（表6–5），列出判断矩阵，计算因子权重，最后，进行一致性检验[127]。

表6-5 影响因子权重

项目层	权重	因子层	权重
自然及资源因素	0.309	地形地貌	0.142
		水源	0.028
		气候	0.014
		地质	0.01
		耕作半径	0.125

续表

项目层	权重	因子层	权重
经济因素	0.359	城镇化	0.037
		经济发展水平	0.066
		产业结构	0.01
		交通条件	0.129
		公共服务设施建设	0.107
社会文化因素	0.332	人口因素	0.037
		家庭结构	0.014
		居民观念	0.074
		农民收入	0.078
		政策制度	0.114
		文化因素	0.015

（3）筛选影响因子

通过对16个因子的重要性分析，最终，将所选因子分为强影响因子、一般影响因子和弱影响因子（表6–6）。其中，强影响因子是对农村聚落空间布局具有决定性作用的影响因子，一般影响因子是对农村聚落空间布局具有一定影响作用的因子，弱影响因子是对农村聚落空间布局影响较弱的因子。

表6-6　农村聚落空间布局影响因素分类

分类	影响因子
强影响因子	地形地貌、耕作半径、交通条件、公共服务设施建设、居民观念、农民收入、政策制度
一般影响因子	水源、城镇化、经济发展水平
弱影响因子	气候、地质、产业结构、家庭结构、文化因素

6.3.2 农村聚落空间布局的动力机制

根据影响因子分析，确定农村聚落空间布局的主要影响因素包括自然条件、耕作半径、公共设施的服务范围、交通条件、农民主要收入来源和社会因素。第一，自然条件是农村聚落布局的基础因素，自然条件中的地形地貌是农村聚落布局的最重要因素，其首先决定了农村聚落布局最重要的用地条件，从而决定了农村聚落可以布局的位置和规模。第二，耕作半径是农村聚落布局的次要因素，其在自然条件基础上，决定了农村聚落布局的密度。第三，公共设施的服务范围和门槛人数在前两个因素基础上，进一步决定了农村聚落的具体布局位置。第四，交通重要性的提升，使得交通条件成为农村聚落布局的重要因素，交通条件优越的位置成为农村聚落布局的首选位置。第五，农民主要收入来源中非农收入比重的提高和工资性收入对总收入贡献率的增大，使得农民对耕地的绝对依赖程度减弱，使得农村聚落能够布局的范围扩大。第六，社会因素从政策制度和农民意愿角度，以政府和农民两个驱动者在前述因素基础上决定最终布局结果。其中，前三个因素为对农村聚落布局的限制因素。

（1）自然条件

地形地貌是影响农村聚落布局的首要因素。地形地貌条件直接决定了用地面积、用地完整性和农业生产条件，同时还决定了农村聚落布局的安全性。平原区和台原区地势平坦、用地完整、农业生产条件较好，农村聚落布局不受地形限制，且不存在安全隐患，耕地生产力较高，因此，村庄规模大、密度大，大多呈团块状均匀分布或沿交通沿线分布或受其他因素主导作用布局；丘陵沟壑区和山区坡度大、用地相对破碎、农业生产条件相对较差，农村聚落布局受地形因素限制较大，且存在滑坡危险，耕地生产力相对较低，因此，村庄规模小、密度小，大多结合地形条件不规则分散分布或沿河流、主要道路分布。以典型镇为例，首先，从聚落形态上，平原区的马嵬镇和西阳镇村庄均呈团块状均匀分布，山区的马栏镇村庄分布分散，部分沿交通沿线布局或在距离耕地较近且相对较平坦的位置布局；其次，从聚落搬迁比重和搬迁原因上看，改革开放后，大部分有搬迁历史的村庄分布在沟壑区或为山区村庄，搬迁过的村庄与村庄总数比重最高的为山区的马栏镇和丘陵沟壑区的新民镇，马栏镇的主要搬迁原因为交通不便和自然灾害，新民镇的主要搬迁原因为新农村建设和交通不便，分别占53.3%和35.5%（表6–7）。烟霞镇的搬迁村庄主要分布在北部的丘陵沟壑区，搬迁原因中自然灾害和交通不便占53.2%。根据调研，沟壑区和山区的新农村建设目前大部分是针对于交通不便、自然灾害或居住安全受到威胁的村庄，丘陵沟壑区和山区受到灾害威胁较大，威胁村庄安全的灾害主要为滑坡（表6–8）。再次，从人均耕地面积和宅基地面积看，平原区的人均耕地面积相对较小，户均宅基地面积也较小，丘陵沟壑区和山区人均耕地面积相对较大，户均宅基地面积也较大。平原区的马嵬镇人均耕地面积为0.09公顷（约1.3亩），户均宅基地面积为0.025公顷（约3.9分），户均宅基地面积0.02公顷（约3分）以下的最多，占48%。山区马栏镇的人均耕地面积为0.18亩，户均宅基地面积为0.031公顷（约4.7分）、0.02公顷（约3分）及以下的宅基地仅占27%（表6–9）。

表6-7 典型镇改革开放后村庄搬迁情况（单位：%）

镇名	改革开放后，搬迁过的村庄比重	搬迁原因比重				
		自然灾害	交通不便	重大项目建设	新农村建设	危房
西阳镇	0	0	0	0	0	0
马嵬镇	5.3	0	0	100	0	0

续表

镇名	改革开放后，搬迁过的村庄比重	搬迁原因比重				
		自然灾害	交通不便	重大项目建设	新农村建设	危房
烟霞镇	39.5	20.0	33.2	0	40.0	7.8
新民镇	68.2	6.7	35.5	0	53.3	4.5
马栏镇	69.2	44.4	55.6	0	0	0

表6-8　威胁村庄安全的灾害

镇名	有威胁村庄安全的灾害的村庄所占比重	灾害类型所占比重			
		洪水（淹没区）	滑坡（威胁区）	塌陷（煤炭采空区）	其他
西阳镇	50.0	40.0	40.0	0.0	20.0
马嵬镇	0	0	0	0	0
烟霞镇	36.1	0	65.8	34.2	0
新民镇	18.2	0	75.0	25.0	0.0
马栏镇	53.9	42.9	71.4	0.0	14.3

注：表中马栏镇的不同灾害类型村庄比重加和大于1是由于部分村庄受到的灾害威胁大于1种。

表6-9　典型乡镇的人均耕地和户均宅基地面积

镇名	人均耕地面积（公顷）	户均宅基地面积（公顷）	不同户均宅基地面积所占比重					
			≤0.02公顷及以下	>0.02&≤0.027公顷	>0.027&≤0.33公顷	>0.03&≤0.04公顷	>0.04&≤0.07公顷	>0.07公顷
西阳镇	0.09	0.026	49.3	26.0	12.3	4.1	8.2	0.0
马嵬镇	0.09	0.025	50.2	25.8	14.0	5.9	4.1	0.0
烟霞镇	0.11	0.030	29.0	28.2	24.1	7.6	10	1.1
新民镇	0.10	0.029	19.7	55.0	11.2	8.0	5.2	0.8
马栏镇	0.18	0.031	27.0	36.9	11.7	9.9	12.6	1.8

注：表中“不同户均宅基地面积所占比重”区段划分标准是按照实际调研中宅基地的面积划分，农民一般对宅基地单位表述使用“分”，表中0.02公顷、0.027公顷、0.33公顷、0.04公顷和0.07公顷分别对应3分、4分、5分、6分和1亩。

水源对早期农村聚落布局有较大影响，而现代社会，农村聚落布局已不受水源位置限制，但河流两岸农村聚落仍呈现带状布局形态。河流两岸地势平坦、耕地肥沃，灌溉条件便利，是建设和耕种的较佳位置，河流周围的聚落大多沿河流带状分布。如礼泉县南部的泔河沿岸，农村聚落呈串珠状密集分布（图6–18）。以泔河为中心，用Arcgis10.0在礼泉县土地利用现状图上提取农村聚落斑块和河流，以河流为中心，以300m为间隔作缓冲区，发现随着距河流距离的增加，农村聚落斑块面积呈先上升后下降趋势（图6–19）。

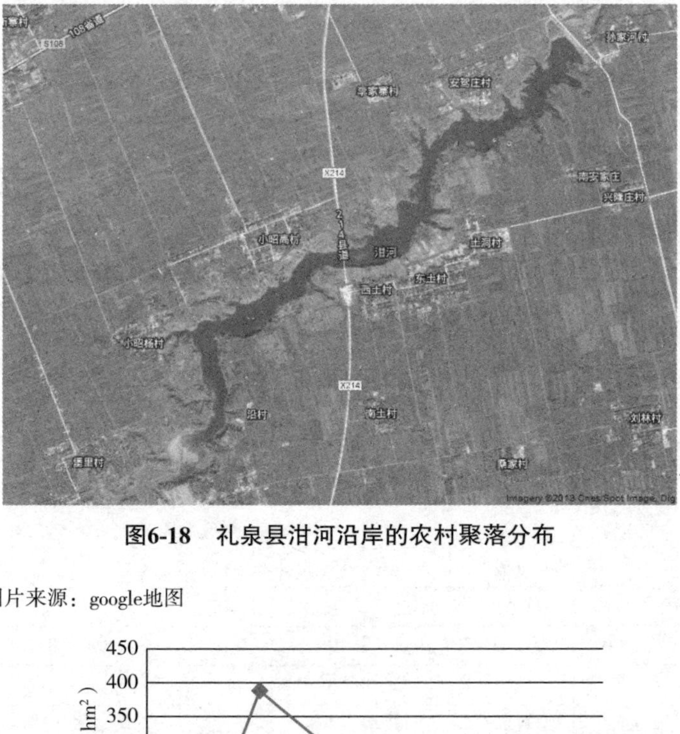

图6-18　礼泉县泔河沿岸的农村聚落分布

图片来源：google地图

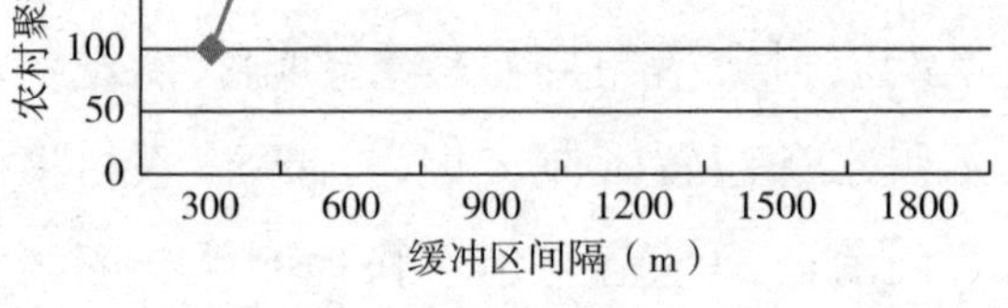

图6-19　河流不同间隔缓冲区内的农村聚落斑块面积变化

（2）耕作半径

耕作半径决定农村聚落之间的距离和密度。当耕作半径较小时，为了耕作方便，农村聚落布局距离耕地的距离较近，形成规模小且密度大的空间格局；当耕作半径较大时，农村聚落的布局范围扩大，受耕地分布的影响减弱。陕西关中地区农耕历史悠久，现存农村聚落空间格局基本上是在以人力和畜力为主的生产条件下形成的，其特点是：耕作半径小，聚落规模小，聚落密度大。随着农业技术装备水平的提高和交通条件的改善，农业劳动生产率已大幅度提高，耕作半径随之大幅度扩大，农村聚落规模及空间布局有待作相应调整。

耕作半径由居住地与耕地之间的时间距离和前往耕地的频率决定。其中，时间距离受交通方式和农村生产性道路状况影响，前往耕地的频率受农业机械化程度等因素影响。农村交通方式和运输车辆的改变、农业机械化程度的提高，使得耕作半径扩大。第一，农村前往耕地日常劳作的交通工具由步行逐渐向以电动自行车、摩托车为主的交通工具转变。根据调研，农村居民日常劳作前往耕地的主要交通工具为电动自行车、自行车、摩托车、农用货车，占90%，普通自行车速度为10～15 km/h、电动自行车速度达到20 km/h，远远大于4～5 km/h的步行速度；第二，农用运输工具由原始的人力架子车逐渐向农用运输车辆转变。1979年咸阳市农村架子车达44.86万辆，农用运输车辆仅278辆，2011年农用运输车辆增加到86701辆，取代了架子车等传统运输工具，其一般运行速度为25 km/h，远远大于传统运输工具；第三，农业机械化程度提高，前往耕地的频率下降，耕作半径随之扩大。咸阳市农业机械化总动力由1953年的37kw增加到2011年的262.46万kw，大中型拖拉机数量由1953年的2台增加到2011年的11072台，联合收割机由1970年的7台增加到2011年的5306台。在南部平原区，除玉米间苗是人工完成外，小麦和玉米基本实现全程机械化。目前还有设施蔬菜卷帘机、果园微耕机、大棚旋地用的小型拖拉机等农用机械，随着农业部门大力推动农机化技术的创新，农业机械化程度越来越高，农村居民前往耕地的频率将进一步降低，居住地受耕地的限制减小，耕作半径也逐渐扩大。

从调研数据看，现状平原区耕作半径约为450m～1100m，丘陵沟壑区约为500m～1500m，山区约为700m～2300m。根据推算①，实际平原区耕作半径可达到5km，现状耕作半径已远远小于实际能达到的耕作半径，而山区由于地形条件限制，耕作半径变化相对较小。此外，80%的农村居民对于实施集中居住后耕作距离变远是否适应仍存在顾虑，在山区及黄土沟壑区此种担心尤甚。

（3）公共设施的服务范围

公共设施的服务范围即人口愿意前往此中心地使用设施的最远距离[116]，决定农村聚落体系的等级数和各等级中心地个数。按照中心地理论，中心商品的服务范围由分散的人口距提供中心商品的中心地的经济距离决定，即时间成本距离。经济距离与客、货运费，交通联系的速度与频率和中心商品的类型有关。当人口居住地超过中心商品的服务范围，则会选择另一中心地代替或无法得到中心商品[116]。事实上，对于刚性需求

---

① 具体推算过程会在第六章第五节详细分析。

的设施，如医疗卫生设施，当人口居住地超出该设施的服务范围时，居民会选择在其他中心地使用该设施，或为了使用该设施不得不承担较大的经济距离。而对于不是刚性需求的设施，如文体设施，当人口居住地超过该设施的服务范围时，居民会选择在其他中心地使用该设施或放弃使用该设施。为了实现城乡公共服务设施均等化目标，当人口居住地超出公共服务设施服务范围时，需增加设置可以提供所需公共服务设施的中心地。如旬邑县马栏镇，由于地处山区，交通摩擦系数较大，分布分散的农村聚落超出马栏镇的部分设施服务范围，北部转角村距离马栏镇区约90km，行车时间约1.5h，已远远超出镇区设施的服务范围，转角村村内商店较少，居民购物需承担较大的经济距离，因此，每次出行均需一次性购买足够的生活用品，非常不便。

（4）交通条件

随着工业化和城镇化的发展，以封闭的自给自足为特征的农业社会及其生活居住方式必然要被以开放的交换交流为特征的工业化社会及其生活居住方式所代替，交通条件逐渐成为影响农村聚落布局的重要因素。在农业经济社会，交通对农村聚落的布局影响较小。农业经济社会是自给自足的封闭社会，费孝通将其称为“熟人社会”，当时农村经济发展落后，农民需求相对单一，人口流动少，且频率低，农民的主要活动范围为耕作半径范围内部，其次是与集镇的联系，但除“逢集”时间，其余时间联系较少，很多集镇的“逢集”时间每月仅几次，同时，交通工具较为落后，以马车和步行为主，因此，对交通的依赖性不强；在当前社会环境下，交通条件已成为方便人流物流、满足农村居民日益多元化的生产生活需求的必要条件。因此，交通条件特别是与城镇联系的主要交通线路布局便成为影响农村聚落布局的重要因素。如新民镇，调研中70%的农民愿意集中居住，且集中居住选址中19%选择城镇，41%选择新农村或与城镇联系的交通沿线。而不愿意进行集中居住的农民中，有65%居住在与城镇联系的交通沿线。再如5个典型镇改革开放后，新批宅基地位置选择的原因中，交通便利均为主要原因，其中，马栏镇选择此项原因的比重最大，为84.6%（表6-10），实际选址原因应为交通便利和用地平坦，但由于该问题为开放式问题，被调查对象并未提及用地平坦，仅提及交通便利，也进一步证明交通便利在山区选址中的重要性。再如礼泉县以县道、省道为中心，以200m为间距作缓冲区，发现随着距道路距离的增加，农村聚落斑块规模呈下降趋势（图6-20）。

表6-10　改革开放后新批宅基地位置选择的原因比重（单位：%）

镇名	交通方便	用地平坦	其他	不清楚
西阳镇	80.2	41.8	0	10
马嵬镇	—	—	—	—
烟霞镇	43.5	12.7	56.5	0
新民镇	59.1	27.2	0	18.2
马栏镇	84.6	0	0	15.4

注：表中马嵬镇未调研到此项内容，因此此行空缺。

新批宅基地选址原因有多种，因此，表中横行加和大于等于1。

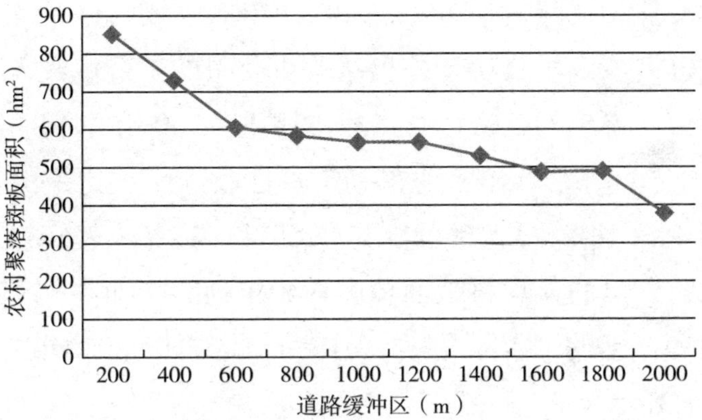

图6-20　礼泉县域内的道路不同缓冲区内的农村聚落斑块面积

（5）农民主要收入来源

农民收入来源中非农收入增加导致农民对耕地的绝对依赖减弱。改革开放前，农业收入是农民的主要来源，农民的生活保障完全依赖耕地产量，所以对耕地的绝对依赖非常强。随着人均耕地面积下降，农业投入成本升高等因素影响，农业收入增长较为缓慢。随着农民生活水平提高，农业收入已不能满足农民生活需要，因此，大多数农村劳动力人口在生活压力迫使下选择外出务工，导致非农收入增加。由于农业收入低且不稳定，而非农收入相对稳定且较高，部分农村劳动力完全放弃农业生产从事非农产业，部分农村劳动力兼业，导致农民对土地的绝对依赖减弱。咸阳市农民收入来源中工资性收入所占比重大大增加，农业收入所占比重大大降低。2010年与2000年相比，咸阳市农民的工资性收入增长1517元，第一产业收入仅增长460元，第一产业收入占农民人均纯收入比重由2000年的65%下降到2010年的37.6%，工资性收入所占比重由2000年的

17%增长到2010年的37.5%；同时，在本乡域内进行打工所获得的工资性收入增长快于外出从业所获得的工资性收入。在本乡域内劳动得到的工资性收入所占比重由2000年的1.8%增长到2010年的16.4%，外出从业得到工资性收入所占比重由7.7%增长到16.4%，年均增长率分别为35.6%和17.1%（表6-11）。咸阳市农业人口的人均耕地面积由1949年的0.37公顷（约5.5亩）减少到1978年的0.15公顷（约2.4亩）再减少到2008年的0.09公顷（约1.3亩）。

表6-11　　咸阳市农民收入来源变化

		2000年		2010年	
		收入构成	占农民人均纯收入比重	收入构成	占农民人均纯收入比重
工资性收入	小计	378.47	17.04%	1895	37.48%
	在非企业组织中劳动得到收入	89.16	4.02%	238	4.71%
	在本乡域内劳动得到收入	39.49	1.78%	828	16.38%
	外出从业得到收入	171.14	7.71%	829	16.40%
家庭经营性收入	小计	1642.37	73.96%	2407	47.61%
	第一产业收入	1442.76	64.98%	1903	37.64%
	第二产业收入	57.44	2.59%	87	1.72%
	第三产业收入	117.87	5.31%	417	8.25%
财产性收入		116.31	5.24%	397	7.85%
转移性收入		83.33	3.75%	357	7.06%
合计		2220.47	1	5056	1

进一步用各收入构成部分与总收入的相关性，分析各收入对总收入的影响，可以看出，工资性收入与农民家庭总收入的相关性最大，农业收入与农民家庭总收入的相关性较小，进

一步证明农民对耕地的绝对依赖减弱。以典型调研的彬县新民镇为例，计算农户问卷中各农户的家庭总收入和各收入构成，为了分析农民对耕地的依赖性，将农业收入单独提出，将收入构成分为农业收入、其他第一产业经营性收入、第二三产业经营性收入、工资性收入、财产性收入和转移性收入，用SPSS Statistics17.0软件，以家庭总收入为因变量，以上述收入为自变量进行pearson回归分析，得出表6–12的相关性分析结果，且模型检验结果显著。从相关性结果可以看出，工资性收入与总收入的相关系数最大，为0.706，其次为第二三产业经营性收入，而农业收入与总收入的相关性仅为0.460，远远小于工资性收入，证明工资性收入越高的家庭总收入越高，而农业收入与总收入的相关性相对较小，说明农民对耕地的绝对依赖程度降低，对工资性收入的依赖程度提高（表6–12、6–13、图6–21）。

表6-12　　　　相关性分析结果

		家庭总收入	工资性收入	农业收入	其他第一产业经营性收入	第二三产业经营性收入	财产性收入
Pearson相关性	家庭总收入	1.000	0.706	0.460	0.342	0.485	0.070
	工资性收入	0.706	1.000	0.092	–0.066	–0.043	0.053
	农业收入	0.460	0.092	1.000	0.030	0.226	–0.055
	其他第一产业经营性收入	0.342	–0.066	0.030	1.000	–0.020	–0.016
	第二三产业经营性收入	0.485	–0.043	0.226	–0.020	1.000	0.026
	财产性收入	0.070	0.053	–0.055	–0.016	0.026	1.000

续表

		家庭总收入	工资性收入	农业收入	其他第一产业经营性收入	第二三产业经营性收入	财产性收入
Sig.（单侧）	家庭总收入		0.000	0.000	0.000	0.000	0.134
	工资性收入	0.000		0.075	0.151	0.251	0.203
	农业收入	0.000	0.075		0.317	0.000	0.193
	其他第一产业经营性收入	0.000	0.151	0.317		0.379	0.399
	第二三产业经营性收入	0.000	0.251	0.000	0.379		0.343
	财产性收入	0.134	0.203	0.193	0.399	0.343	

注：在相关分析过程中，转移性收入使得方差–协方差矩阵成为奇异矩阵，无法计算影响统计量，因此，将其剔除进行进一步分析。

表6-13　　模型汇总

模型	R	R方	调整R方	标准估计的误差	更改统计量					
					R方更改	F更改	df1	df2	Sig.F更改	Durbin–Watson
1	1.000[a]	1.000	1.000	999.21448	1.000	151785.331	5	243	0.000	1.922

注：a．预测变量：（常量），财产性收入，其他第一产业经营性收入，第二三产业经营性收入，工资性收入，农业收入。

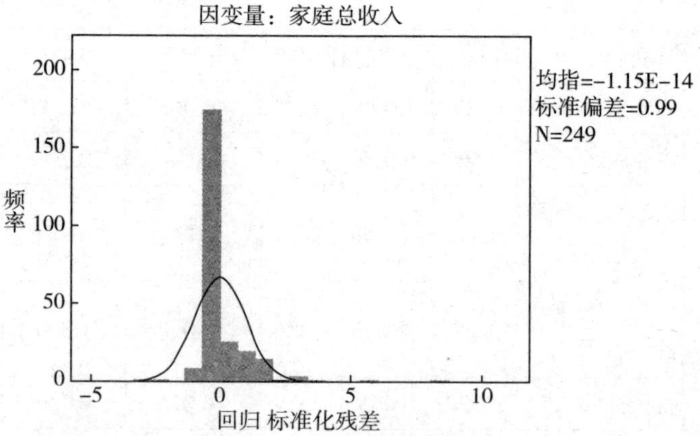

图6-21　回归标准化残差图

（6）社会因素

行政管理和土地所有制是农村聚落布局的重要影响因素。我国的农村土地所有制形式是以村民小组为单位集体所有，各村民小组的农村聚落仅能在小组土地范围内进行建设。近几年，新农村建设如火如荼，由于我国行政管理最低级别为行政村级，新农村建设也是以行政村为单位进行实施。行政村一般选择在区位优越且用地平坦的位置，但在建设过程中存在其他小组占用某一村民小组土地的问题，在土地置换过程中矛盾较大，阻碍农村聚落布局的调整。调研中，多数村干部反映希望新农村建设打破村民小组的土地界限，以解决农村聚落布局调整中面临的土地所有制问题。但即使村民小组之间的土地界限被打破，行政管理造成的行政村土地界限仍然是农村聚落布局调整的限制，而本行政村的农村聚落布局调整和扩张由于受土地所有制限制只能在其行政村范围内调整。因此，行政管理和土地所有制是农村聚落布局的重要影响因素，直接影响着未来农村聚落体系重构的可操作性。

农民意愿也是影响农村聚落布局与重构的重要因素。农村聚落的主体是人，农村聚落实体也是为人服务，因此，只有满足农民需求的农村聚落布局模式才符合实际。农村聚落重构目的是为了改变居住在农村聚落中的农民的生活条件和环境，因此，农民是否愿意搬迁，及其不愿意搬迁的原因是确定农村聚落重构方向和模式前需研究清楚的首要问题。根据调研，5个典型镇中，农民愿意搬迁的意愿均大于不愿意的比例，其中，北部典型镇的意愿比率大于南部，位于丘陵沟壑区的新民镇愿意搬迁的比重最高，达69.9%，位于平原区的西阳镇愿意搬迁的比重最低，为51.7%（表6–14）。不愿意搬迁的原因主要包括缺乏财力、习惯现状和耕作不便。其中，北部丘陵沟壑区和山区的新民镇和马栏镇，缺乏财力为不愿意搬迁的最主要原因，分别占38.7%和35.4%。马栏镇由于地处山区，搬迁可能会造成农民距离耕地变远，因此，耕作不便也是马栏镇居民不愿意搬迁的另一重要因素。南部的烟霞镇和西阳镇农村聚落建设条件相对较好，交通便利，农民不愿意搬迁的主要原因为习惯现状，其中，西阳镇不愿意搬迁原因为习惯现状的占75.7%。马嵬镇位于平原区，其农业主要为粮食作物和大棚蔬菜，大棚蔬菜的耕作半径较小，再加之其农村聚落自身发展条件较好，因此，其不愿意搬迁的主要原因为耕作不便，占36.1%（表6–15）。

表6-14　　搬迁意愿（单位：%）

镇名	愿意	不愿意
西阳镇	51.7	48.3
马嵬镇	54.0	46.0
烟霞镇	60.8	39.2
新民镇	69.9	30.1
马栏镇	60.9	39.1

表6-15　　不愿意搬迁的原因（单位：%）

镇名	缺乏财力	习惯现状	耕作不便	其他
西阳镇	20.0	75.7	0.0	4.3
马嵬镇	16.5	25.9	36.1	21.4
烟霞镇	4.2	55.2	23.8	16.8
新民镇	38.7	18.7	17.3	25.3
马栏镇	35.4	29.8	34.8	0.0

6.4 农村聚落空间布局的演变趋势

随着工业化和城镇化的进一步发展，较高的交通便捷度将是生产生活的必要条件，农村聚落布局将呈现完全的交通指向性。随着经济社会的进一步发展，农村聚落的人流、物流、信息流频率将大幅度增加，经济距离将完全成为衡量生产生活便利度的重要条件，因此，交通指向性是未来农村聚落布局演变的必然方向。

农村聚落布局将出现明显的设施指向性。随着社会经济的发展，农民对生活质量的要求提高，对于改善生活环境，提高设施配置水平具有强烈的愿望，设施的配置水平和等级将成为农民居住选址的重要考虑因素，因此，农村聚落的布局需要满足农民对于设施的需求。

农村聚落布局的耕地指向性进一步减弱。随着交通工具的进一步改善、农业机械化程度的进一步提高和未来生产性道路的改善，耕作半径将进一步扩大，其对农村聚落布局的限制将进一步缩小。

农村聚落的空间布局重构应在解决现状问题的基础上实施，集中居住是解决现状农村聚落设施配置、运营问题的必由之路。首先，农村聚落重构要解决基础设施配置运营难度大的问题，要保证基础设施配置完善和正常运营，必须降低基础设施的人均配置、运营成本。而目前人均配置运营成本过高是因为常住人口大量减少、居住分散所致，因此，应实现集中居住，降低基础设施的配置长度，同时，集中居住也能够降低人均成本，保证基础设施的配置和运营。其次，农村聚落重构要解决公共服务设施的配置难问题，实现城乡公共服务设施均等化目标，就必须满足公共服务设施的服务范围和门槛人口，现状农村聚落的分散性和较小的人口规模无法满足公共服务设施正常配置和运营的要求，因此，必须实现集中居住（图6–22）。

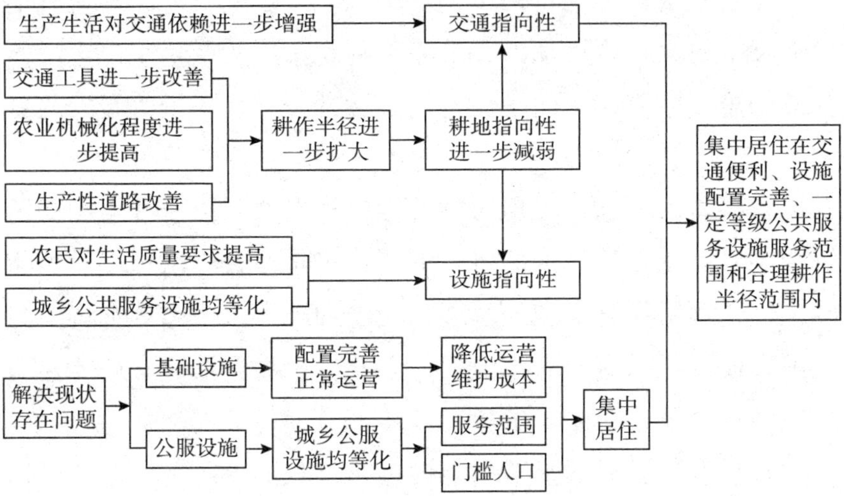

图6-22　农村聚落空间布局演变趋势

6.5　农村聚落的空间布局重构模式

6.5.1　农村聚落布局原则

根据对发达地区成功经验的借鉴，集中居住可以集中居住区为基础实施，集中居住区即农村居民集中居住、设施在合理范围内集中供给的区域。集中居住区的布局必须满足耕作半径、公共设施服务范围的要求。其中，耕作半径决定农村聚落与耕地的最远距离，即限制了农村聚落能搬迁的最远距离，进而影响农村聚落布局；公共设施的服务范围决定一定等级集中居住区提供设施和服务的最远距离，决定了各等级集中居住区的选址及其相互之间的距离。

（1）耕作半径原则

农村聚落布局调整应满足耕作半径要求。耕作半径由前往耕地的时间距离和耕种作物类型决定，其中，出行时间距离由出行交通工具、地形和生产性道路状况决定[54]。假设生产性道路通达性较好，首先根据时间距离确定耕作半径，根据调研，78%的农村居民认为居住地到耕地的时间距离为20min以内较合理，以电动车为主体交通工具，根据国家对电动车限速20km/h的要求，集中居住区的耕作半径应在5km之内。然后，在时间距离基础上，选取主要种植作物类型，进行耕作半径修正（表6–16）。随着影响耕作半径各因素的变化，耕作半径仍将不断扩大，实际确定耕作半径时，应考察各地发展现状和未来发展趋势综合确定。农村聚落重构中需进行搬迁的村庄必须满足搬迁后居住地与原有耕地的距离在耕作半径要求之内。

表6-16　　不同作物类型的耕作半径（单位：千米）

	平原区、台原区	丘陵区、沟壑区	山区
小麦、玉米	<5	<4	<3
蔬菜	<3	<2	<1.5
苹果	<4	<3	<2

（2）公共设施的服务范围原则

根据城乡公共设施均等化的目标，参考城市公共设施的服务范围确定农村聚落的公共设施服务范围。根据对咸阳市淳化县城、咸阳市中心城区世纪大道[①]公共设施现状服务范围的抽样调查，公共设施中的教育设施对城镇居民居住地的选择影响最大，同时，提供基本生活用品和服务的商贸设施、医疗卫生设施的就近配置较为重要；同样，根据调研数据，在农村，农村居民购买最基本的生活用品或价值较低的生活用品时也选择最近的商店。农村医疗卫生设施中，第一选择在私人诊所就医的占62%。因此，集中居住区的设施服务范围中，一般社区的服务范围确定必须满足所有公共服务设施的服务范围。由于公共服务设施中的教育设施人口门槛最高，当所配置设施无法满足服务范围需要时，增加设施数量的可能性较小，而其他设施由于门槛人口较低，当服务范围无法满足需求时，增加设施数量，使其在集中居住区内部分散布局的可能性较大，因此，中心社区只需满足教育设施服务范围即可。

根据对城市教育设施的抽样调查，调查对象对上学距离的判断主要以交通时间和交通通达性为依据。结合县城和咸阳市中心城区的教育设施服务范围（表6–17），确定农村集中居住区中的幼儿园服务范围为10min，前往学校的方式为步行，小学服务范围为 20min，前往学校的方式以步行为主，初中服务范围为20min，前往学校方式以步行和普通自行车为主，高中服务范围为25min，前往学校方式以步行和普通自行车为主。因此，按步行速度4 ~ 5km/h，普通自行车速度10 ~ 15km/h计算，确定沟壑区和山区一般社区的服务半径为700m，中心社

① 公共设施的服务范围仍受门槛人口影响，咸阳市中心城区的老城区人口密度大，公共设施的服务范围对农村聚落不具有参考意义，而世纪大道是发展的新区，现状人口密度相对较小，可以适当参考，所以选择县城和世纪大道进行抽样调查。

区服务半径为2km；平原区、台原区和黄土原区一般社区的服务半径为1.5km，中心社区服务半径为3km。

表6-17　　城市教育设施的服务范围

	县城			市区		
	上学方式	花费时间上限（min）	占抽样学生比重（%）	上学方式	花费时间	占抽样学生比重
幼儿园	步行	10	79%	步行	10	94%
小学	步行	20	87%	步行、电动车、公交[①]	15	83%
初中	步行、普通自行车	20	95%	步行、普通自行车、公交	20	83%
高中	步行、普通自行车、住校	25	91%	步行、普通自行车、公交、住校	25	78%

表6-18　　农村集中居住区服务范围确定（单位：千米）

	一般社区	中心社区
丘陵沟壑区和山区	0.7	2
平原区、台原区和黄土原区	1.5	3

6.5.2　农村聚落区位选择

集中居住区的选址指标体系包括约束指标、现状发展建设指标和未来发展趋势指标3类，共11项指标。其中，约束指标4项，其旨在分析灾害威胁、生态和遗迹保护要求和村庄自身地形地貌基础上，确定必须搬迁的村庄和未来集中居住区选址应避让的区域；现状发展建设指标5项，其旨在分析村镇发展和建设现状基础上，将已有发展条件较好，设施配置齐全，区位优越的村镇优先选择作为集中居住区；发展趋势指标2项，其

① 电动车为家长接送，部分选择公交车的也为家长接送，基本为低年级学生。

旨在结合上位规划分析村镇未来的发展趋势和方向，长远考虑集中居住区的选址合理性。优先选择现状基础较好、交通区位优越、发展空间充足、现状社会经济联系方向密集、避让灾害威胁区和影响区、避让生态环境保护区和遗迹保护区且未来发展前景较好的区域作为集中居住区（表6–19）。

表6-19　集中居住区选址指标体系

指标类型		要　求
限制因素指标	地形地貌	分析镇域内的地形地貌对集中居住的影响，集中居住区选址应尽量避开地形破碎、地质条件差，发展空间不足的区域，选址地点应尽量平坦，且具有足够发展空间。
	灾害威胁	对镇域范围内的自然灾害和人为灾害分布及影响区进行分析，集中居住区选址应避免选在该区域范围内，且根据要求，应与其保持一定距离。
	生态保护要求	分析镇域内基于生态保护要求确定的生态保护区范围，集中居住区选址应避开生态保护区。
	遗迹保护要求	分析镇域内的遗迹、古村落等分布，集中居住区选址应本着对其进行保护的原则结合实际情况避让或适度开发。
现状发展建设指标	社会经济联系方向	分析现状镇域村庄社会经济联系方向及原因，将现状联系方向集中的村镇优先作为集中居住区。
	区位条件	尽量选址在区位条件优越，从长远角度分析有发展前景的地点，或处于两个以上行政村中央位置的村庄。
	土地利用现状及潜力	研究土地利用现状和未来利用潜力，分析未来土地利用空间能否满足集中居住区建设规模要求。
	设施配置及使用现状	分析基础设施建设和公共服务设施配置现状，将基础设施条件相对较好，公共服务设施配置相对齐全或完善所需成本不高的村庄，优先考虑作为集中居住区。
	自身及周边建设情况	分析村庄自身建设现状，研究其作为集中居住区的的可能性，并分析其周边建设现状及对未来发展的影响，选择合适地点作为集中居住区。

续表

指标类型		要 求
未来发展趋势指标	村镇发展方向	根据上位相关规划，结合村镇发展现状，确定村镇未来的发展方向和趋势，集中居住区的选址应符合未来发展趋势。
	规划建设设施	分析在建或规划即将建设的设施情况，研究设施建设对村庄发展趋势的影响，合理确定集中居住区。

6.5.3　农村聚落迁移合并模式

农村聚落是否进行迁移合并和迁移合并后的集中度影响农村聚落等级个数和布局。若实施迁移合并实现农村聚落的高度集中，则各等级集中居住区所需个数少，若不实施迁移合并，则为了满足设施的服务范围，所需的各等级集中居住区个数增多。

农村聚落体系重构应视情况实施村庄迁移合并。目前学术界对于迁村并点的争论较大，部分学者认为应在现状基础上，减少迁村并点的实施，甚至在《镇乡域规划导则（试行）》中明确提出“没有重大理由不得迁村并点”。笔者认为村庄迁移合并实现集中居住是农村聚落体系重构的必然趋势，是否需要迁移合并需根据当地实际情况进行确定。

农村聚落迁移合并应仅对古村落、遗址、旅游等产业发展具有一定规模且发展前景较好或现状建设条件好，集聚度高且规模大的村庄进行保留，其余村庄一律进行搬迁。

根据不同类型农村聚落的现状特征和发展条件，将农村聚落迁移合并模式分为整体搬迁合并型、部分保留整治型和整体保留发展型3类（表6–20）。整体搬迁合并型应分优先搬迁和逐步搬迁。如新民镇，村庄分布分散、且部分村庄位于煤炭采空区，未来应对煤炭采空区的村庄优先搬迁，其余村庄逐步搬迁；部分保留整治型应在现状基础上，保留发展较好的部分，整治分布分散、发展落后的部分。如马嵬镇，现状建设条件好、集聚度高且规模大，未来应在保留现状村庄基础上建设集中居住区，并在村庄内部进行适度整治。再如马栏镇，应根据地形地貌条件进行适度集中，选取一定区域内发展条件相对较好的村庄作为集中居住区，将周围分散的村庄向其进行搬迁合并；整体保留发展型未来应整体保留，具有特色产业的村庄应在原有基础上建设社区，加强特色产业发展，古村落等保护型村庄应进行保护或适度开发。如烟霞镇的袁家村，作为观众印象体验地，旅游服务业发展较好，且配套设施齐全，未来应以袁家村为核心建设一般社区，吸引周边村庄向其搬迁。

表6-20　　农村聚落的迁移合并模式

	整体搬迁合并型	部分保留整治型	整体保留发展型
适用条件	①灾害威胁区的村庄；②山区中交通不便的村庄；③生态保护区的村庄；④分布分散、发展落后的村庄。	①现状建设条件好，且集聚度高，规模较大，与规划的社区中心距离在服务范围之内的村庄；②山区分布分散，不适宜高度集中的村庄。	①原有旅游等产业发展初具规模或特色明显，具有较好发展前景的村庄应保留，并在其基础上进行社区建设；②古村落等保护型村庄，或具有历史文化价值的遗迹等应保留并适当保护。

6.5.4　农村聚落空间布局模式

（1）农村聚落空间布局的确定过程

建制镇是由农村聚落演变而成，是农村聚落中区位最好，且能够为周围聚落提供货物和服务的最高等级中心地，因此，假设最高等级中心地提供的最高等级设施的服务范围能够覆盖镇域范围内的所有农村聚落，即一个镇域单元仅有一个最高级中心地，即镇区。

农村聚落空间布局应首先确定是否需要建设中心社区及其位置，再确定一般社区。如图6-23所示，D2为重点镇提供的中心社区等级的服务范围，D1为重点镇提供的一般社区等级的服务范围。第一步，确定是否需要建设中心社区。当重点镇所提供的中心社区等级的设施服务范围不能覆盖镇域范围内的全部农村聚落，则需结合村庄搬迁条件确定是否需建设中心社区，如图6-23中的左图所示，其包括两种情况，一种当农村聚落a不能搬迁或仅能搬迁到位置①时，则仍不能满足重点镇所提供的中心社区等级的服务范围，需构建中心社区。另一种情况当农村聚落a能够搬迁到重点镇所提供的中心社区等级的服务范围和最低级设施的服务范围之间，即位置②时，则无需构建中心社区；第二步，确定是否需要建设一般社区。根据重点镇的一般社区等级服务范围和中心社区的一般社区等级服务范围确定是否需建设一般社区及其位置，如图6-23中的右图所示，可在重点镇和中心社区所提供的一般社区等级服务范围之外布局一个或若干个一般社区保证覆盖所有剩余区域的农村聚落；第三步，确定的等级体系应根据农村聚落的人口规模进行验证和修订。首先，根据人口规模预测结果判断各等级能否满足最小人口规模要求；其次，根据各集中居住区的最终人口规模，调整其等级。如在空间布局中设置的一般社区的人口规模完全满足中心社区要求，则可将一般社区修订为中心社区进行构建。

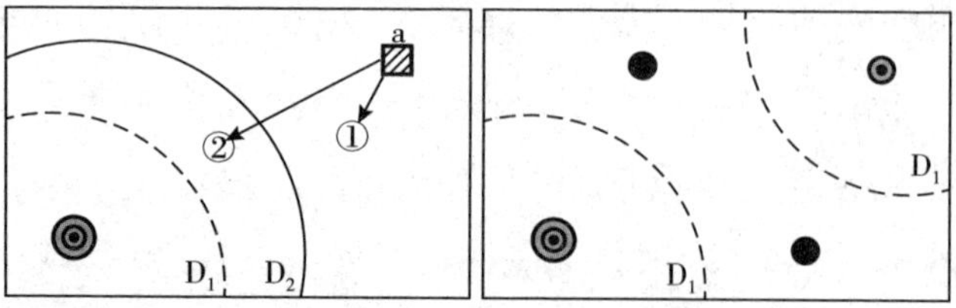

图6-23 等级体系确定过程

上述分析是假设镇域范围内的农村聚落不受其他镇的镇区影响的情况，还有一种情况，镇域范围内的部分农村聚落距离邻镇的镇区距离小于距离本镇镇区的距离。根据现状社会经济联系方向分析，在无行政干预下，假设人是理性行为人，其会就近选择中心地获取服务和设施。一种情况是当该部分农村聚落需要搬迁，且搬迁的位置使得距离本镇距离小于距离其他镇，则问题迎刃而解；另一种情况是当这部分农村聚落不能搬迁时，则需同时考虑两镇镇区的中心社区等级和一般社区等级服务范围对其影响，综合确定此处应建立的社区等级。但按照行政区划管理的完整性原则，是否可从县级角度出发，按照此方法进行农村社区配置，其在行政管理上的难度则尚待讨论。

（2）农村聚落空间布局模式

根据以上分析，4种等级体系的农村聚落布局模式包括以下情况：

第一，“重点镇—中心社区——般社区”空间布局包括两种模式，此种等级体系一般在镇区偏离镇域几何中心情况下形成。①农村聚落群体整体分布呈块型时，在重点镇另一侧形成中心社区，在重点镇和中心社区之间辐射不到的部分可形成多个一般社区，这种形式多见于平原区或台原区；②农村聚落群体呈带型分布时，沿交通线路或河流在重点镇另一侧形成中心社区，并在重点镇、中心社区之间形成一般社区，这种形式多见于丘陵沟壑区和山区（图6–24）。

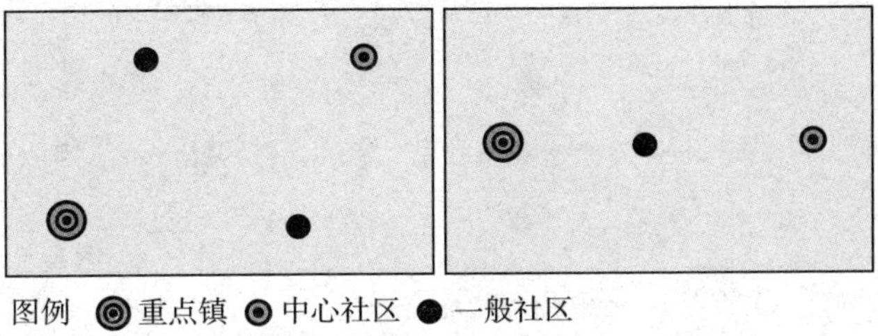

图6-24　“重点镇—中心社区——般社区”空间布局模式

第二，“重点镇—中心社区”空间布局一般也是在镇区偏离镇域几何中心的情况下形成，是一种高度集中的空间布局模式。一般在带型或串珠状分布的聚落群中形成，其在重点镇另一侧形成中心社区，且村庄向重点镇和中心社区高度集中，如果重点镇和中心社区所提供的一般社区服务范围均能满足所有村庄，则不需构建一般社区（图6–25）。

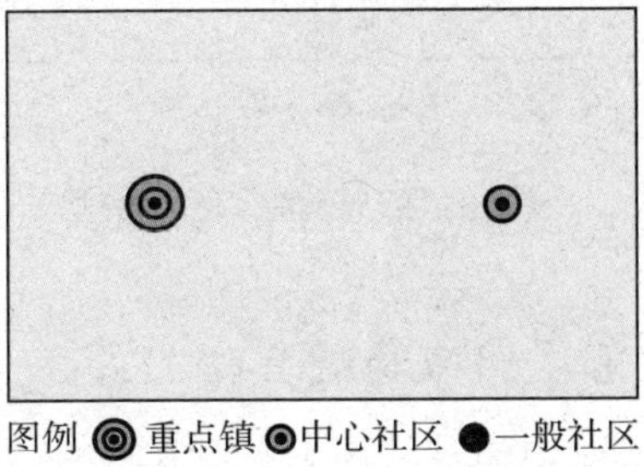

图6-25　“重点镇—中心社区”空间布局模式

第三，“重点镇——般社区”空间布局模式一般是镇区接近镇域几何中心情况下形成的，按照农村聚落群体分布分带型和方型两种具体模式。这种模式下重点镇所提供的中心社区等级职能能够覆盖所有村庄，因此，不需构建中心社区，但其重点镇提供的一般社区等级职能无法覆盖所有村庄，则在重点镇所提供的一般社区服务范围之外形成一般社区（图6–26）。

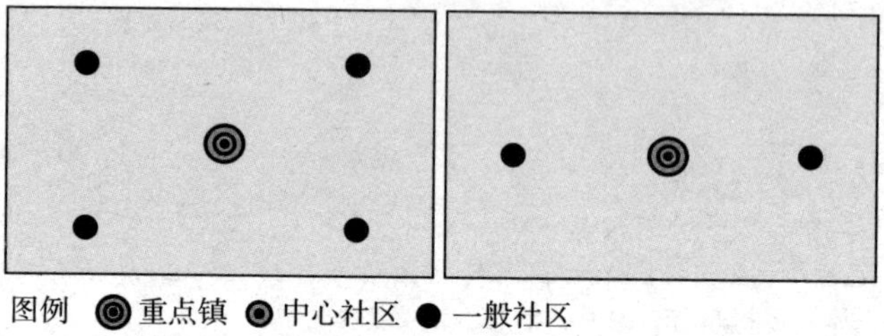

图6-26　“重点镇——一般社区”空间布局模式

第四，“中心社区——一般社区”空间布局与“重点镇-—般社区”布局模式相同，差别仅是镇区等级达不到重点镇要求，仅能将其作为中心社区建设（图6–27）。

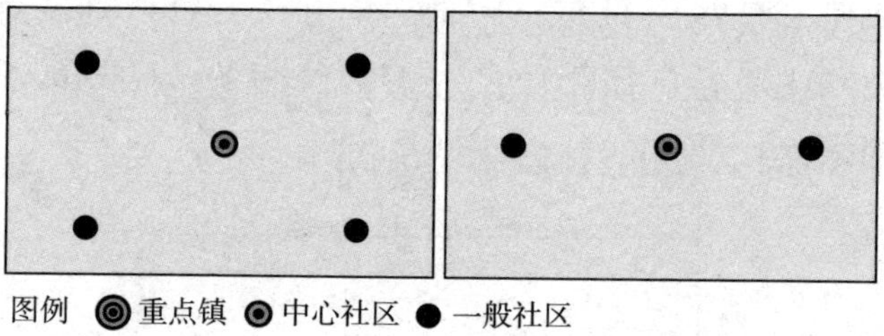

图6-27　“中心社区——一般社区”空间布局模式

（3）农村聚落空间布局的具体形式

根据各等级农村聚落内部村庄的保留和搬迁情况，最终形成的农村聚落空间布局具体形式包括以下情况：

第一，“重点镇—中心社区——一般社区”的具体布局形成包括4种情况。①重点镇提供的中心社区等级和所建设的中心社区服务范围内均有一般社区，一般社区内部高度集中或仍有保留村庄存在；②重点镇周围高度集中，无一般社区，仅所建设的中心社区服务范围内有一般社区；③重点镇提供的中心社区等级服务范围内有一般社区，而所建设的中心社区服务范围内无一般社区，仅有保留村庄；④重点镇提供的中心社区等级服务范围内有一般社区，而所建设的中心社区服务范围内的村庄高度集中，无一般社区（图6–28）。

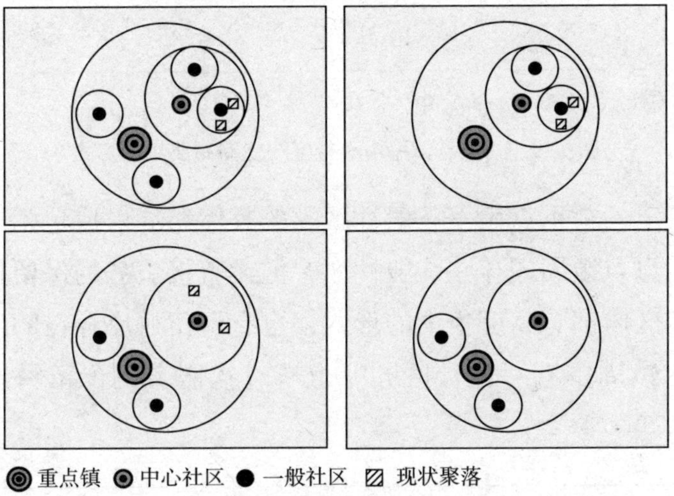

图6-28　"重点镇—中心社区——般社区"空间布局具体形式

第二，"重点镇—中心社区"的具体布局形成包括4种情况。①重点镇周围存在保留村庄，其所提供的一般社区等级服务范围能够满足保留村庄，而中心社区周围高度集中，无保留村庄；②重点镇和中心社区周围均有保留村庄；③重点镇和中心社区均高度集中，无保留村庄；④重点镇高度集中，而中心社区周围存在保留村庄（图6–29）。

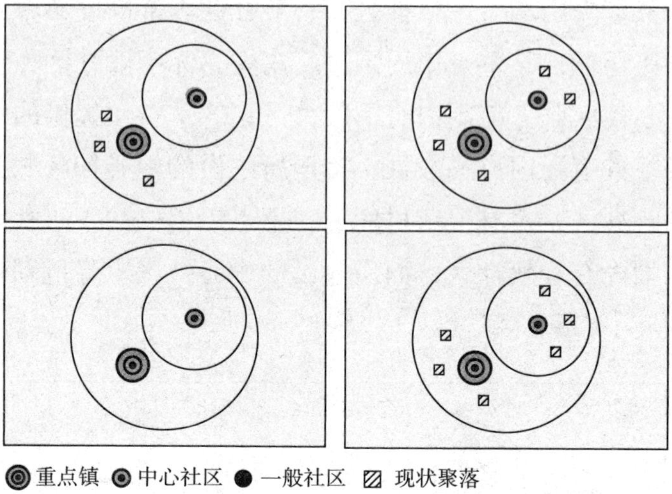

图6-29 "重点镇—中心社区"空间布局具体形式

第三，"重点镇——一般社区"的具体布局形成包括两种情况。①重点镇周围存在一般社区，但无直接服务的保留村庄，一般社区内部有高度集中的形式，也有保留村庄存在的形式；②重点镇周围有一般社区同时也有直接服务的保留村庄（图6-30）。

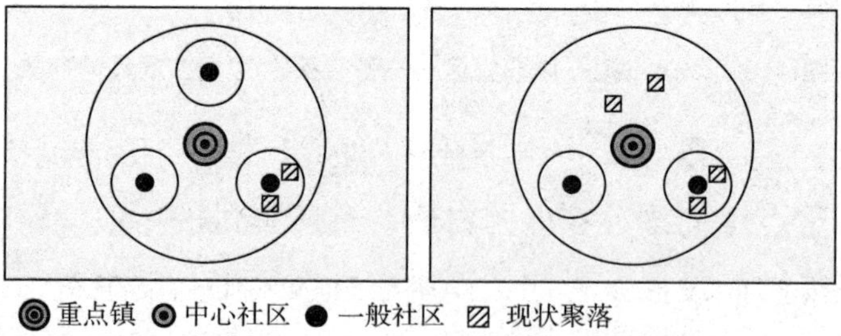

图6-30"重点镇——一般社区"空间布局具体形式

第四，"中心社区——一般社区"的具体布局形式与"重点镇——一般社区"相同，仅是将重点镇换作中心社区进行布局，此处不再赘述。

6.6 本章小结

（1）农村聚落空间布局演变经历了水源指向性阶段、水源指向性向耕地指向性转变阶段、耕地指向性向交通指向性转变阶段，未来农村聚落的演变趋势为交通指向性和设施指向性；不同地形地貌区农村聚落呈现不同的演变模式，本章以咸阳市为例，基于历史演变过程，提出农村聚落空间布局演变的平原区模式、丘陵沟壑区模式和山区模式。

（2）不同地形地貌区的农村聚落空间布局现状差异较大。平原区、台原区的农村聚落分布密度大、单体呈块状布局、且单体内部布局紧凑；丘陵沟壑区的农村聚落整体分布密度较小、但原面区的农村聚落分布密度较大、聚落单体形态复杂、布局散乱；山区农村聚落主要沿平坦地分布、聚落单体规模小且密度小。

（3）农村聚落的空间布局形式是在多因素共同作用下形成的，通过对农村聚落空间布局的影响因素和动力机制探讨，认为影响农村聚落空间布局的因素包括自然条件、耕作半径、公共设施的服务范围、交通条件、农民主要收入来源和社会因素。其中，公共设施服务范围和交通条件是现阶段影响农村聚落空间布局的主要因素，因为交通已成为生活生产的必要条件，而农村居民对公共服务设施要求提高，公共服务设施的配置成为农村居民居住选址的重要条件。

（4）农村聚落空间布局模式应在耕作半径和公共设施的服务范围原则下构建。不同地形地貌区的不同作物类型耕作半径均有所差异，总的来说，耕作半径应在5公里之内。并提出中心社区和一般社区公共设施服务范围在丘陵沟壑区和山区分别应为2km和0.7km，在平原区和台原区分别应为3km和1.5km；构建了集中居住区的选址指标体系，包括约束指标、现状发展建设指标和未来发展趋势指标3类，共11项指标；在选址基础上，提出农村聚落迁移合并的3种模式，包括整体搬迁合并型、部分保留整治型和整体保留发展型；最后，提出农村聚落的7种空间布局模式和10种具体布局形式。

第七章

农村聚落体系重构实证研究

农村聚落体系重构的理论探讨是否能够应用于实践操作，是检验其合理性的标准之一。本章在农村聚落体系重构的理论探讨基础上，构建了农村聚落体系重构的实践操作流程，并以彬县新民镇为案例，进行了实证研究。

7.1 农村聚落体系重构流程

农村聚落体系重构应在人口规模预测、选址和搬迁、保留村庄确定的基础上确定农村聚落的空间布局模式。农村聚落体系重构的具体流程如下图：

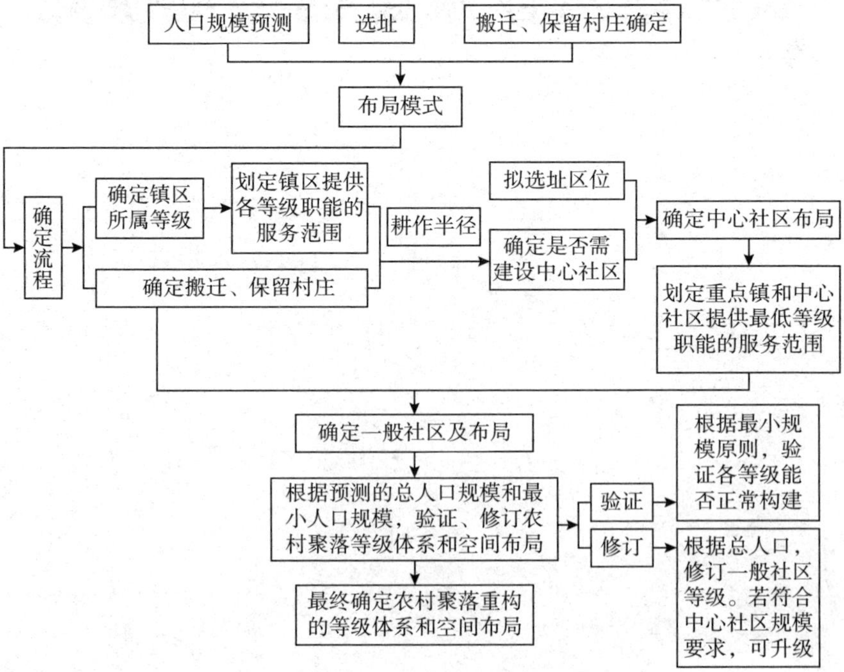

图7-1 农村聚落体系重构的基本流程

7.2 农村聚落体系重构实证案例

——彬县新民镇

7.2.1 概况与问题

（1）概况

新民镇位于彬县县城东北24公里处，新民原中心位置，镇域地形属黄土高原丘陵沟壑区的黄土原区，原面中央开阔平坦，原边破碎（图7–2、7–3）。镇域面积87平方公里，其中耕地面积2946.5公顷（44198亩），人均耕地面积1.2亩。全镇总人口34000人，其中农村户籍人口31311人，占总人口的92%，农村常住人口17625人，占农村户籍人口的56.3%。全镇辖22个行政村，123个村民小组，行政村人口平均规模为1432人，其中1000 ~ 2000人的村庄居多，最大规模的村庄为屯庄村，人口规模超过3000人。新民镇是陕西省确定的31个重点镇之一，彬县也以打造“咸阳北部第一镇”和“彬县县城次中心”为目标大规模建设新民镇。全镇以煤化工产业和农业生产为主，农业以果业、烤烟、大棚蔬菜和牲畜养殖为主。2011年，全镇农民人均纯收入达到6300元，略低于咸阳市6401元的平均水平，主要收入来源为外出务工，其次为种植果树和烤烟。

（2）存在问题

根据对新民镇所有村庄的实际调研，与典型调研的其他镇相比，其存在的突出问题包括以下两方面：

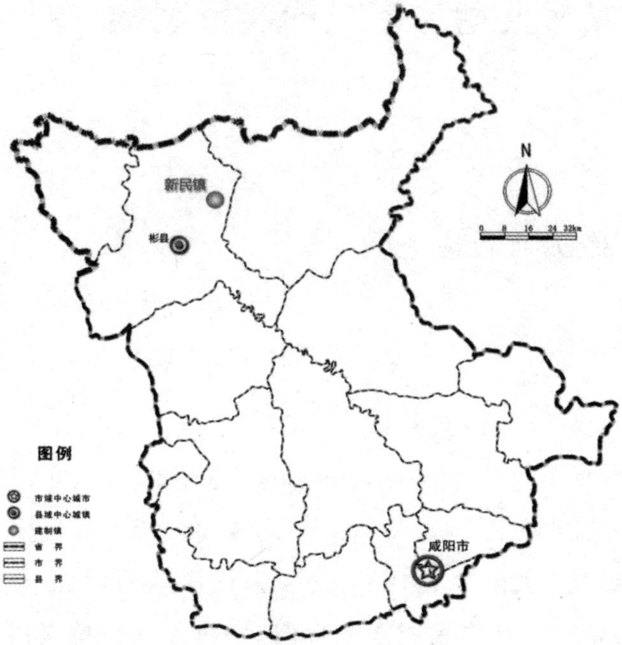

图7-2 新民镇区位图

图7-2 新民镇地形图

图片来源：google地图

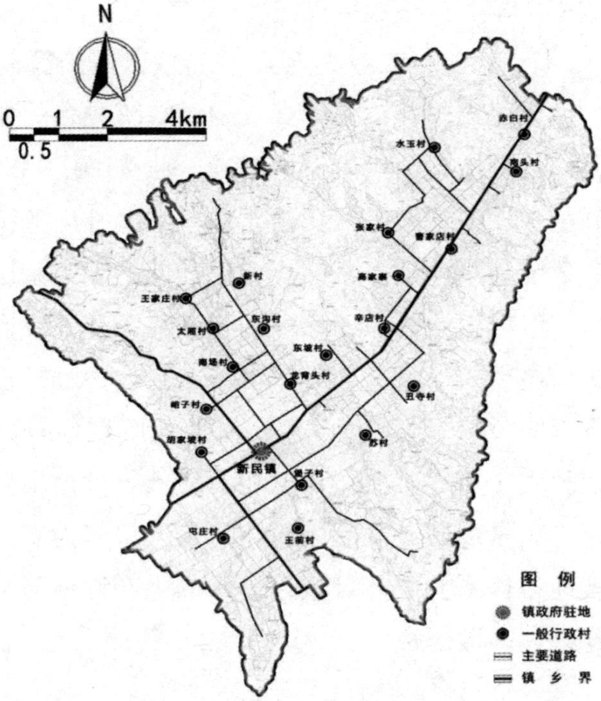

图7-3　新民镇农村聚落分布现状图

1）农村聚落分布散乱。首先，部分农村聚落自发地或借助新农村建设时机已搬迁到距离交通干线较近的区域，但部分仍位于距交通干线较远的原面边缘地区，甚至少数仍位于沟壑区，导致农村聚落现状分布整体散乱；其次，在原面边缘地区分布的农村聚落，由于黄土原面边缘被沟壑切割，形成弧圈型边缘，农村聚落便沿弧圈边缘分布，导致农村聚落之间的实际距离较远；最后，行政村合并导致被合并村庄距并入村庄距离较远，无法满足设施服务范围要求。如原阿里寨村合并至水峪村，原东王子村合并至屯庄村，被合并村庄距离并入村庄村委会距离超过6km。

2）农村聚落闲置荒废土地较多。首先，村庄闲置宅基地数量随距镇区距离的增加而上升。一般村庄闲置院落约为10～20户，占该村总户数的2～7%，闲置院落较多的如高家村及东沟村，达40户左右，其闲置宅基地一般为0.02～0.027公顷（约3～4分地）。宅基地闲置均由于农村居民外出务工所致；其次，村庄荒废宅基地较多，基本为搬迁前的老宅基地未及时复垦所致。一般以窑洞为主，镇域内村庄均存在荒废宅基地情况，其中，新民街村未复垦的窑洞多达十几户，且每户面积均在0.07公顷（约1亩）以上；再次，耕地荒废现象较为普遍，主要为坡地。由于坡地机械化程度相对较低，种植不便，特别是农村年轻人大量进城务工后，村庄剩余人口多为老人，劳动力不足，坡地耕作不方便，且缺乏进入的生产性道路，收成不稳定，因此，大多被撂荒。

7.2.2 重构方案

（1）农村聚落的人口预测

根据现状种植作物类型，确定新民镇的标准作物为粮食作物、苹果、烤烟和大棚菜，2011年，彬县城镇居民人均可支配收入为21516元，根据现状种植面积、未来发展规划和标准作物的纯收入，按照公式（5.1），预测农村聚落的农业人口为2.1万人。

新民镇镇区未来以发展煤化工产业和第三产业为主，将吸引大量非农人口。根据《彬县新民重点镇总体规划（2010–2020年）》，新民镇未来将与小章镇合并，2020年城镇人口将达到7万人，由于其城镇人口预测过程按照非农产业吸纳人口计算，则认为非农人口也为7万人左右。由于非农产业人口受产业发展的影响较大，无法预测准确数字，只能根据相关规划预测结果判断大体趋势，为农村聚落体系重构提供参考。

（2）农村聚落的选址分析

①煤炭采空区的影响。新民镇周边有两个煤炭开采区，对地面建筑和生产造成一定影响。镇域西部为小庄井田，其煤炭采空区影响新民镇域的王家庄村、太厢村和南场村的部分小组，同时，东南方向的白子沟开采区影响镇域范围内的苏村和堡子村部分小组，位于煤炭采空区的居民必须进行搬迁，且附近不适宜作为集中居住区（图7–4）。

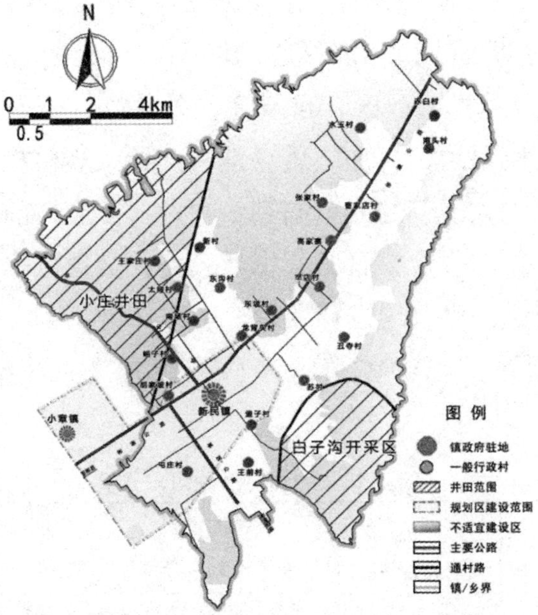

图7-4　新民镇选址因素分析图

资料来源：《彬县新民重点示范镇总体规划（2011–2020年）》，有改动。

②重点示范镇建设的影响。新民镇作为陕西省的31个重点镇之一，已开始大规模建设。根据《彬县新民重点镇总体规划（2010–2020年）》，规划将新民镇与小章镇合并建设，镇区位置从新民镇原有镇区向小章镇延伸连接，形成新的镇区（图7–4）。由于小章镇位于新民镇南部，其合并对新民镇北部村庄的等级体系设置无太大影响，当新民镇南部需在镇区之外设置中心社区或一般社区时，则应考虑与小章镇的关系，当无需设置时，则等级体系设置可暂不考虑小章镇的影响。

③地形影响。新民镇位于新民原中心，镇区和屯庄村位于原面中间位置，平坦开阔，但原面边缘破碎，位于原面边缘位置的村庄用地受地形限制，原则上，不适宜作为集中居住区。

④现状建设和社会经济联系方向。新民镇域农村居民的社会经济联系方向趋向两处，以辛店村为界，南部村庄的联系方向趋向新民镇，北部村庄的联系方向趋向曹家店村（图4–1）。新民镇作为镇区，自身建设条件好，配套设施齐全，周围用地开阔平坦，再加之重点镇已开始大规模投入和建设，可吸引并容纳大规模的人口向其集中；曹家店村前身为曹家店乡，其配套设施齐全，且紧邻彬湫公路，交通区位优越，其可作为镇域北部的中心地进行建设。

综上所述，拟确定镇区和曹家店村为集中居住区（表7–1、7–2）。

表7-1　　新民镇集中居住影响因素分析

影响因素	影响区域	影响村庄
煤炭采空区	镇域西部和南部	王家庄村、太厢村、南场村和堡子村
重点示范镇建设	镇域中部和镇区	新民街村、胡家坡村、龙背头村、堡子村、屯庄村和峪子村

续表

影响因素	影响区域	影响村庄
地形影响	镇域北侧和南侧	苏村、堡子村、新村、东沟村、王家村、太厢村、张家村、水峪村、赤白村
现状建设和社会经济联系方向	—	镇域全部村庄

表7-2　　新民镇集中居住区选址因素分析表

村庄名称	因素分析
新民街村	新民镇区所在地，未来彬县副中心。
曹家店村	原曹家店乡乡政府所在驻地，经济发展基础较好，交通条件方便，有一定的设施基础。

（3）农村聚落的迁移合并模式

新民镇农村聚落迁移合并模式为整体搬迁合并型。迁移合并的村庄中保留东坡村和曹家店村，其他村庄均不具备保留村庄条件，需进行搬迁。其中，位于煤炭采空区的村庄应优先搬迁，其余村庄应逐步搬迁，因此，确定新民镇的农村聚落重构可实现高度集中。东坡村的新农村位于彬湫公路沿线，交通方便，且已建户数约50户，若其在重点镇提供的一般社区等级服务范围内，则不需构建一般社区，若其超出重点镇提供的一般社区等级服务范围，则需构建一般社区。曹家店村为原乡政府所在地，基础设施配置完善，规模大，予以保留（表7–3）。

表7-3　　新民镇保留和搬迁村庄表

	优先搬迁村庄	保留村庄	逐步搬迁村庄
村庄	王家庄村、新村全部村民小组，苏村、峪子村、南场村、堡子村位于煤炭采空区的村民小组。	东坡村、曹家店村	其余村庄

（4）农村聚落的等级体系和空间布局模式确定

1）确定镇区等级

新民镇的镇区非农产业发达，且被确定为彬县副中心，未来发展前景较好，因此，可在镇区构建等级体系中的最高级中心地，即重点镇。

2）确定中心社区

根据镇域形状和镇区位置定性分析。镇域呈带状，南北直线距离约9km，镇区偏离几何中心较远，再加之北部村庄现状社会经济联系方向趋向于曹家店村，因此，镇区另一侧应以曹家店村为基础构建中心社区。

根据服务范围分析。根据黄土原区的中心社区服务范围为3km，一般社区服务范围为1.5km的标准，画出镇区承担的一般社区等级服务范围为D1，镇区承担的中心社区等级服务范围为D2，可见D2并未完全覆盖镇域现有聚落（图7–5）。

假设方案一：D2以外的村庄均搬迁到D2以内，经测量搬迁村庄超出耕作半径要求，因此，此方案不成立。

假设方案二：在D2以外构建中心社区，选择拟选址地点中的曹家店村为中心社区，辛店村以北村庄均向曹家店村搬迁，经测量符合耕作半径要求。

因此，应在曹家店村建设中心社区。

3）确定一般社区

根据村庄搬迁条件分析，镇域除东坡村以外村庄均进行搬迁。则当仅选址镇区和曹家店村为集中居住区时，除东坡村以外，辛店村以南村庄均向镇区搬迁，辛店村以北村庄向曹家店村搬迁，经测量耕作半径符合要求，则无需建设一般社区。

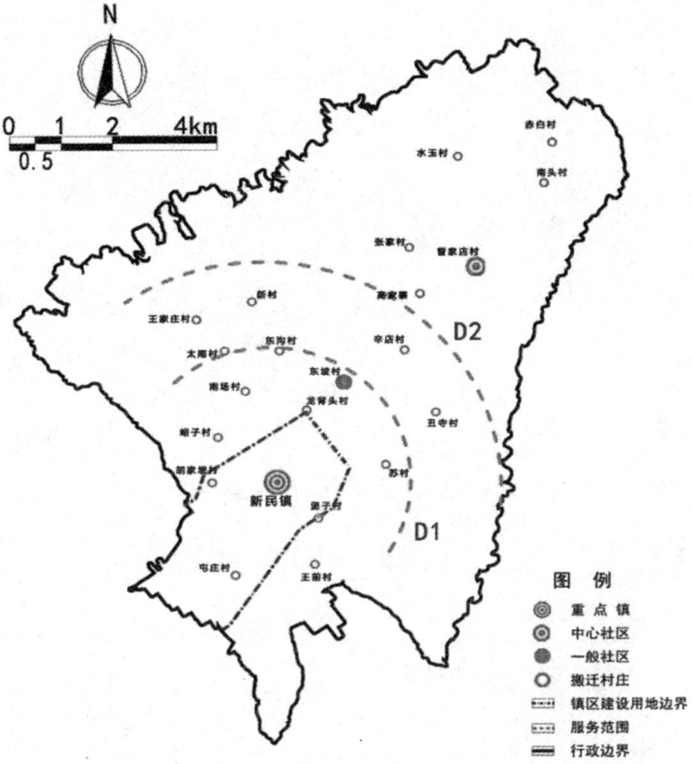

图7-5 新民镇农村聚落等级体系和空间布局确定

东坡村距离规划镇区边界仅1.2km，在镇区所提供的一般社区等级服务范围内（图7–5），同时，东坡村人口规模也无法满足建设一般社区的最小规模，因此，不需构建一般社区。

因此，初步确定构建“重点镇—中心社区”两级体系。

4）根据人口规模预测值和最小人口规模标准验证和修订初步确定的等级体系。

根据人口预测，新民镇农业总人口为21000人，中心社区的农业人口为6250人，根据最小人口规模标准，符合沟壑区的人口标准；镇区未来产业发展前景好，可吸引大量非农人口就业，根据镇域总体规划预测的2020年的城镇人口为3.5万人的趋势分析，镇域总人口规模将远远大于21000人的农业人口规模，因此，重点镇可按照平原区的标准设置；中心社区主要为农业人口，其人口规模与预测数字差别不大，可按沟壑区的标准设置；镇域南部除镇区外，可不再设置较低等级的集中居住区，因此，在等级体系设置中，可暂不考虑小章镇的影响，两级体系方案可行。

5）确定最终等级体系和空间布局

根据以上分析，最终确定新民镇应构建“重点镇—中心社区”两级体系，重点镇位于镇区，中心社区位于曹家店村，除东坡村以外，其余村庄均进行搬迁（表7–4、图7–5）。

表7-4　　新民镇农村聚落体系构建

等级	农业人口规模（人）	社区名称	建设用地面积（公顷）			涵盖原有村庄	迁移合并模式
			现状	规划	节余		
重点镇	14750	新民镇区	411	187.5	223.5	新民街村、胡家坡村、堡子村、龙背头村、屯庄村、峪子村、王前村、苏村、丑寺村、辛店村、东坡村、太厢村、王家庄村、新村、南场村、东沟村	优先搬迁太厢村、南场村和堡子村位于煤炭采空区的小组和交通不便的王家庄村和新村，逐步搬迁其余村庄，保留东坡村位于路边的新农村，其余小组向新农村集中。
中心社区	6250	曹家店社区	126	62.5	63.5	曹家店村、张家村、高家村、水峪村、南头村、赤白村	优先搬迁南头村交通不便的村民小组，其余村庄逐步搬迁。
合计	21000	—	537	250	287	—	—

7.3　本章小结

（1）从理论角度探讨的农村聚落体系是否能够应用于实践是检验理论的重要条件。本章在理论探讨基础上，基于实践角度，提出了农村聚落体系重构的实践流程，为理论指导实践提供基础。

（2）以典型镇中的彬县新民镇为例，按照确定的农村聚落体系重构流程，对其农村聚落体系进行了重构研究，检验了重构流程在具体实践操作中的可行性，为农村聚落体系重构提供依据。

第八章

结论与讨论

8.1 研究结论与讨论

本书以城乡统筹为背景，以促进城乡基本公共服务均等化，推动城乡统筹顺利实施为目标重构农村聚落体系。本研究以咸阳市为例，选取5个典型镇农村聚落进行问卷调查、访谈和实地踏勘，分别从人口、设施、土地等方面对农村聚落的发展问题进行分析，从农村聚落职能、规模和空间布局角度重点研究了农村聚落体系的重构模式，并进一步提出农村聚落体系重构的实践流程。本书的主要结论包括：

（1）借鉴城镇体系概念，提出农村聚落体系概念，认为农村聚落体系包括农村聚落职能、规模和空间布局，其中，农村聚落职能和规模共同决定农村聚落等级；通过对农村聚落发展状态评价，认为农村聚落发展存在以下问题：丘陵沟壑区和山区农村聚落规模小、布局分散，常住人口大量减少导致设施正常运营难度大，宅基地闲置和耕地荒废现象普遍，农村聚落体系迫切需要重构。

（2）从经济发展特征、地形地貌类型、距离城市远近、农村聚落群体和单体形态角度划分了农村聚落类型。其中，按照经济发展特征将其划分为农业主导型、兼业型、非农主导型和均衡发展型4类；按照地形地貌类型将其划分为平原聚落、丘陵沟壑聚落和山区聚落3类；按照距大城市的距离将其划分为大城市近郊型、影响型和远郊型3类；按照距县城的距离将其划分为近郊型和远郊型2类；按照农村聚落群体形态将其划分为随机型、均匀型、四周型、串珠型、分散型和不规则散乱型6类；按照农村聚落单体形态将其划分为团块型、不规则型、带型和弧圈型4类。

（3）农村聚落现状职能等级为“建制镇—集镇—行政村”。随着撤乡并镇政策的实施，乡的行政等级丧失，但其经济职能仍然存在，导致建制镇镇域由单中心向多中心转变，农村聚落等级缺失；由于村庄人口大量减少，无法在现状格局下完善职能体系，因此，必须实施农村聚落体系重构；农村聚落职能的影响因素包括农村居民对设施的需求、农村聚落服务范围内的人口规模、补充区域的交通通达度等；农村聚落体系应按照“重点镇—中心社区——般社区”3级等级进行重构。

（4）将农村聚落规模演变过程划分为快速增长、缓慢增长和快速下降3个阶段；通过对农村聚落规模历史演变的模拟和现状解析，认为农村聚落规模主要受地形影响，地势平坦且耕地生产力大的地区，农村聚落人口规模较大，而受地形因素限制较大的丘陵区和山区，农村聚落人口规模较小；影响农村聚落总规模的因素包括人口综合增长率、耕地面积和耕地生产力、农民兼业行为，影响农村聚落各等级规模的因素包括公共服务设施的门槛人口和耕作半径。

基于此，从农业收益角度、设施成本收益角度、耕作成本和设施成本均衡角度构建了农村聚落适宜规模的理论模型，提出适宜规模的合理区间和最佳规模的点值，认为农村聚落的适宜规模会随着时间变化而变化，而最佳规模一般在实际中并不存在；根据农村聚落总规模的影响因素分析，提出耕地承载力法预测人口规模，并构建了农村聚落总规模的计算模型；根据公共设施的门槛人口，确定了各等级农村聚落的最小规模标准。丘陵沟壑区和山区农村聚落等级体系中重点镇、中心社区和一般社区的最小规模分别为20000人、4500人和1500人，其中受地形限制较大的山区，可适当降低。平原区、台原区各等级农村聚落最小规模分别为30000人、20000人和3000人。

（5）对农村聚落空间布局的历史演变进行模拟，将其演变过程划分为水源指向性阶段、水源指向性向耕地指向性转变阶段、耕地指向性向交通指向性转变3个阶段；对农村聚落空间布局现状进行解析，认为平原区、台原区的农村聚落分布密度大、单体呈块状布局且单体内部布局紧凑，丘陵沟壑区的农村聚落整体分布密度较小，但原面区的农村聚落分布密度较大，聚落单体形态复杂、布局散乱，山区农村聚落主要沿平坦地分布，聚落单体规模小且密度小；进一步对农村聚落空间布局的影响因素和动力机制进行探讨，认为影响农村聚落空间布局的因素包括自然条件、耕作半径、公共设施的服务范围、交通条件、农民主要收入来源和社会因素。

基于此，提出未来农村聚落的演变趋势为交通指向性和设施指向性，且应实现集中居住；认为应在耕作半径和公共设施的服务范围原则下，构建农村聚落空间布局模式。不同地形地貌区的不同作物类型耕作半径均有所差异，总的来说，耕作半径应在5公里之内。并提出中心社区和一般社区公共设施服务范围在丘陵沟壑区和山区分别应为2km和0.7km，在平原区和台原区分别应为3km和1.5km；在此基础上，农村聚落的迁移合并模式包括整体搬迁合并型、部分保留整治型和整体保留发展型3类，并提出了农村聚落的7种空间布局模式和10种具体布局形式。

（6）从实践角度提出了农村聚落体系的重构流程。首先，应进行农村聚落人口规模预测、选址和搬迁保留村庄确定。其次，确定农村聚落布局模式。布局模式确定具体流程为：①确定镇区等级，划定镇区承担的中心社区等级服务范围，根据搬迁保留、村庄位置和耕作半径要求确定是否需建中心社区。②划定重点镇和中心社区承担一般社区等级的服务范围，根据搬迁、保留村庄位置和耕作半径确定一般社区布局。③通过人口总规模和各等级最小人口规模对其进行验证和修订。

农村聚落重构是一个漫长的过程，需通过规划先行引导，试点建设总结经验教训，再进行大规模推广。农村聚落重构除体系重构外，还需配套产业重塑和组织体系重构[87]。同时，仅从地理学和社会经济学角度研究的等级体系是否具有实践意义与土地利用规划关系密切，因此，应加强城乡规划、社会经济发展规划与土地利用规划的“三规合一”研究，才能保证实施的可行性。

8.2　研究展望

农村聚落体系重构是现阶段农村聚落转型时期的重要课题。在研究的具体过程中，我们发现随着研究的深入所引出的问题也逐渐增多，今后还需从以下方面进行进一步研究：

（1）城乡统筹是未来发展的趋势，也是解决城乡发展不均衡的必由之路，本书也将农村聚落体系重构放置于城乡统筹的大背景下进行了研究。但是，农村的发展研究最大的劣势就在于缺少资料，必须进行现状实际调研获取资料，且实际调研才能发现农村存在的真正问题，保证提出方案的可行性。本书为了研究不同类型区域的农村聚落发展模式，选择咸阳市5个典型镇的全部农村聚落进行了调研，其调研量之大是未曾想象的，但在研究中发现典型镇调研对于从城乡统筹角度的研究尺度仍较小，由于时间原因，再加之完整调研城乡所有聚落的任务量非常大，因此，关于城乡统筹的分析并未达到之前所预期的结果。今后，应更注重从城乡统筹发展角度，将城与乡共同研究，构建城乡聚落体系，进而研究城乡聚落的统筹发展。

（2）本书在研究中尽量注重理论与实践的结合，期望研究能够为实际农村聚落体系重构提供借鉴，但由于农村聚落体系重构是否能够实施与土地规划有很大关系，而研究过程中未获取到土地方面的详细资料，因此，对其与土地规划的结合研究甚少，今后应在此方面进一步深入研究。

（3）农村聚落体系重构的根本目的是为了促进农村经济的发展，农村聚落体系重构只是实体重构，而相对应的产业重构、组织体系重构等对于农村聚落的转型也非常重要，今后，应将实体重构与经济和组织重构相结合，全面研究农村聚落的重构。

参考文献

[1] 陈宗兴，陈晓健. 乡村聚落地理研究的国外动态与国内趋势[J]. 世界地理研究，1994，（1）：72–79.

[2] 金其铭. 中国农村聚落地理[M]. 江苏：江苏科学技术出版社，1989：23–56.

[3] 白吕纳著，任美锷，李旭旦译. 人地学原理[M]. 上海：中山书局，1935：31–43.

[4] [法]阿・德芒戎. 人文地理学问题[M]. 北京：商务印书馆，1993：27–45.

[5] [日]石田宽著，马广志译. 日本的乡村聚落[J]. 人文地理，1995（4）：53–59.

[6] 李旭旦. 白龙江中游地区乡村聚落和人口之分布[J]. 地理学报，1941（4）：38–46.

[7] 陈述彭，杨利普. 遵义附近之聚落[J]. 地理学报，1943（10）：69–81.

[8] 严钦尚. 西康居住地理[J]. 地理学报，1936（6）：43–58.

[9] 朱炳海. 西康山地村落之分布[J]. 地理学报，1939（6）：40–43.

[10] 刘恩兰. 川西之高山聚落[J]. 地理学报，1945（15）：27–29.

[11] 费孝通. 江村经济[M]. 江苏：江苏人民出版社，1986：37–79.

[12] 费孝通. 乡土中国[M]. 北京：三联书店，1985：17–38.

[13] 李旭旦，金其铭. 江苏省农村聚落的整治问题[J]. 经济地理，1983（2）：132–135.

[14] 金其铭. 江苏农村聚落的规模与布局[J]. 建筑学报，1983（10）：55–56.

[15] 吴必虎，张晶. 乡村聚落社会的形成、扩展与整合——苏北一个自然村的分

析[J]. 农村经济于社会，1988（5）：10–18.

[16] 李瑛，陈宗兴. 陕南乡村聚落体系的空间分析[J]. 人文地理，1994，9（3）：13–21.

[17] 沈茂英. 中国山区聚落持续发展与管理研究——以岷江上游为例[D]. 北京：中国科学院研究生院博士学位论文，2005.

[18] 周振伦. 黔东南山区聚落与建筑文化初探[J]. 贵州民族研究，2009，29（128）：66–69.

[19] 高延军. 中国山区聚落宜居性地域分异规律评价——基于省份山区背景的分析[J]. 杭州航空工业管理学院学报，2010，28（4）：71–78.

[20] 罗光杰，李阳兵，谭秋，等. 岩溶山区聚落格局变化及其LUCC相应分析——以贵州省为例[J]. 资源科学，2010，32（11）：2130–2137.

[21] 惠怡安. 陕北黄土丘陵沟壑区农村聚落发展及其优化研究[D]. 西安：西北大学博士学位论文，2010.

[22] 徐明. 陕北黄土丘陵区农村聚落建设与生态修复关系研究[D]. 西安：西北大学硕士学位论文，2009.

[23] 惠怡安，徐明. 陕北丘陵沟壑区生态修复与农村聚落耦合发展初探[J]. 水土保持通报，2010，30（2）：83–86.

[24] 郭晓东，牛叔文，李永华，等. 陇中黄土丘陵区乡村时空演变的模拟分析——以甘肃省秦安县为例[J]. 山地学报，2009，27（3）：293–299.

[25] 陈斌鑫. 海盐县于城镇周边农村聚落形态的现状研究[D]. 浙江：浙江大学硕士学位论文，2004.

[26] 赵荣明. 成都城市边缘区乡村聚落规划设计面临的问题与对策研究[D]. 四川：西南交通大学研究生学位论文，2006.

[27] 李默. 城市边缘区乡村聚落景观设计研究[D]. 黑龙江：东北林业大学学位论文，2009.

[28] 姜爱萍. 苏南乡村社会生活空间特点及机制分析[J]. 人文地理，2003，18（6）：11–16.

[29] 范少言，陈宗兴. 试论乡村聚落空间结构的研究内容[J]. 经济地理，1995，15（2）：44–47.

[30] 李全林，马晓冬，沈一. 苏北地区乡村聚落的空间格局[J]. 地理研究，2012，31（1）：144–154.

[31] 马晓冬，李全林，沈一. 江苏省乡村聚落的形态分异及地域类型[J]. 地理研究，2012，67（4）：516–525.

[32] 马利邦，郭晓东，张启媛. 陇中黄土丘陵区乡村聚落的空间格局——以甘肃省通渭县为例[J]. 山地学报，2012，30（4）：408–416.

[33] 王广超，李全林，王亚平，等. 苏州与徐州地区乡村聚落空间格局比较分析[J]. 淮海工学院学报（自然科学版），2012，21（1）：63–67.

[34] 闫庆武，卞正富，王桢，等. 基于空间分析的徐州市居民点分布模式研究[J]. 测绘科学，2009，34（5）：160–163.

[35] 尹怀庭，陈宗兴. 陕西乡村聚落分布特征及其演变[J]. 人文地理，1995，10（4）：17–24.

[36] 范少言. 乡村聚落空间结构的演变机制[J]. 西北大学学报（自然科学版），1994，24（4）：295–304.

[37] 郑凯. 陕西华县韩凹村乡村聚落形态结构演变初探[D]. 西安：西安建筑科技大学学位论文，2006.

[38] 张小林. 乡村空间系统以及演变研究——以苏南为例[M]. 南京：南京师范大学出版社，1999：46–89.

[39] 曾菊新. 现代城乡网络化发展模式[M]. 北京：科学出版社，2001：34–67.

[40] 邢谷锐，徐逸伦. 城市化背景下乡村聚落空间演变特征研究[J]. 安徽农业科学，2007，35（7）：2087–2089.

[41] 曾早早，方修琦，叶瑜. 吉林省近300年来聚落格局演变[J]. 地理科学，2011，31（1）：87–94.

[42] 任慧子，曹小曙，李丹. 传承性视角下乡村聚落历史时空格局特征及演化研究——以广东省连州市为例[J]. 人文地理，2012，27（2）：87–91.

[43] 郭晓东，马利邦，张启媛. 基于GIS的秦安县乡村聚落空间演变特征及其驱动机制研究[J]. 经济地理，2012，32（7）：56–62.

[44] 樊绯，吴得文，陈铁柱. 农村聚落选址影响因素分析[J]. 海南师范大学学报（自然科学版），2009，22（4）：462–467.

[45] 李红波，张小林，吴江国，等. 欠发达地区聚落景观空间分布特征及其影响因子分析——以安徽省宿州地区为例[J]. 地理科学，2012，32（6）：711–716.

[46] 龙花楼. 论土地利用转型与乡村转型发展[J]. 地理科学进展，2012，31（2）：131–138.

[47] 王勇，李广斌. 苏南农村土地制度变迁及其居住空间转型——以苏州为例[J]. 城市发展研究，2011，18（4）：99–103.

[48] 李洪波，张小林. 城乡统筹背景的空间发展：村落衰退与重构[J]. 公共管理，2012（1）：148–153.

[49] 韩非，蔡建明. 我国半城市化地区乡村聚落的形态演变与重建[J]. 地理研究，2011，30（7）：1271–1284.

[50] 王勇，李广斌. 苏南乡村聚落功能三次转型及其空间形态重构——以苏州为例[J]. 城市规划，2011，35（7）：54–60.

[51] 邢谷锐. 快速城市化地区乡村空间重构体系初探[J]. 城市规划和科学发展——2009中国城市规划年会论文集，2009：2140–2151.

[52] 陈小卉. 当前我国乡村空间特征与重构要点[J]. 规划师，2007，23（8）：79–82.

[53] 朱一中，隆少秋. 广州市城市边缘区农村聚落转型的调查研究[J]. “落实科学发展观推进行政管理提示改革”研讨会暨中国行政管理学会2006年年会论文集，2006：1318–1324.

[54] 周国华，贺艳华，唐承丽，等. 中国农村聚居演变的驱动机制及态势分析[J]. 地理学报，2011，66（4）：515–524.

[55] 程连生，冯文勇，蒋立宏. 太原盆地东南部农村聚落空心化机理分析[J]. 地

理学报，2001，56（4）：437–446.

[56] 王成新，姚士谋，陈彩虹. 中国农村聚落空心化问题实证研究[J]. 地理科学，2005，25（3）：257–262.

[57] 龙花楼，李裕瑞，刘彦随. 中国空心化村庄演化特征及其动力机制[J]. 地理学报，2009，64（10）：1203–1213.

[58] 刘彦随，刘玉，翟荣新. 中国农村空心化的地理学研究与整治实践[J]. 地理学报，2009，64（10）：1193–1202.

[59] 云正明. 农村庭院生态工程[M]. 北京：北京化学工业出版社，2002：89–102.

[60] 王智平. 农村生态系统分布特征和模式的探讨[J]. 农村生态环境，1994，10（1）：45–53.

[61] 王智平. 不同地貌类型区自然村落生态系统的比较研究[J]. 农村生态环境，1993，9（2）：11–15.

[62] 王智平，安萍. 村落生态系统的概念及其特征[J]. 生态学杂志，1995，14（1）：43–48.

[63] 华永新. 生态村建设与可持续发展[J]. 农村能源，2000（1）：28–29.

[64] 金鉴明，金冬霞. 中国的生态农业[J]. 世界科技研究与发展，1999，21（2）：10–14.

[65] 陈勇. 四川西部山区聚落生态研究[D]. 北京：中国科学院博士学位论文，2003.

[66] 刘邵权. 农村聚落生态研究——理论与实践[D]. 北京：中国科学院博士学位论文，2004.

[67] 周秋文，苏维词，张婕，等. 农村聚落生态系统健康评价初探[J]. 水土保持研究，2009，16（5）：121–126.

[68] 陈永林，陈晓强. 新农村建设对赣南乡村聚落生态系统的影响分析[J]. 农业考古，2007（6）：89–93.

[69] 刘邵权，陈国阶，陈治谏. 农村聚落生态环境预警——以万州区茨竹乡茨竹村五组为例[J]，2001，21（2）：295–301.

[70] 甘枝茂，岳大鹏，甘锐，等. 陕北黄土丘陵区乡村聚落土壤水蚀观测分析[J]. 地理学报，2005，60（3）：519–525.

[71] 裴新富. 陕北多沙粗沙区乡村聚落窑洞民居土壤侵蚀效应及防治对策研究[D]. 西安：陕西师范大学博士研究生学位论文，2005.

[72] 韩思. 易县山区乡村聚落景观生态设计研究——以狼牙山镇东西水村为例[D]. 河北：河北农业大学硕士学位论文，2010.

[73] 杨知洁. 上海乡村聚落景观的调查分析与评价研究[D]. 上海：上海交通大学硕士学位论文，2009.

[74] 贺宝平. 鄂西南土家族传统乡村聚落景观的文化解析[D]. 湖北：华中农业大学硕士学位论文，2009.

[75] 蔡为民，唐华俊，陈佑启，等. 近20年黄河三角洲典型地区农村居民点景观格局[J]. 资源科学，2004，26（5）：89–97.

[76] 杨知洁，车生泉. 上海乡村聚落形态及景观风貌浅析[J]. 上海交通大学学报（农业科学版），2010，28（3）：225–231.

[77] 徐荣. 传统乡村聚落景观保护与设计研究[J]. 山西建筑，2007，33（31）：43–45.

[78] 何仁伟，陈国阶，刘邵权，等. 中国乡村聚落地理研究进展及趋向[J]. 地理科学进展，2012，31（8）：1055–1062.

[79] 曾山山，周国华. 农村聚居的相关概念辨析[J]. 云南地理环境研究，2011，23（3）：26–31.

[80] 席建超，赵美风，葛全胜. 旅游地乡村聚落用地格局演变的微尺度分析——河北野三坡旅游区苟各庄村的案例实证[J]. 地理学报，2011，66（12）：1707–1717.

[81] 姜作培. 统筹城乡发展主要矛盾和出路分析[J]. 理论前沿，2003，（12）：15–17.

[82] 高珊，徐元明，徐志明. 城乡统筹的评估体系探讨——以江苏省为例[J]. 农业现代化研究，2006，27（4）：262–265.

[83] 王红辉. 当代中国城乡一体化研究[D]. 山东：山东师范大学硕士学位论文，2008.

[84] 黄国胜. 西咸大都市地区城乡一体化发展研究[D]. 西安：西北大学博士学位论文，2010.

[85] 许鲜苗. 欠发达地区城乡统筹路径研究——以重庆市“两翼”地区为例[D]. 重庆：重庆大学硕士学位论文，2010.

[86] 许学强，周一星，宁越敏. 城市地理学[M]. 北京：高等教育出版社，2003：161–169.

[87] [美]理查德 · P. 格林，詹姆斯 · B皮克. 城市地理学[M]. 北京：商务印书馆，2006：213–216.

[88] 袁莉莉，孔翔. 中心地理论与聚落体系规划—以苏州工业园区中心村建设规划为例[J]. 世界地理研究，1998，7（2）：67–71.

[89] 赵建军. 中心地理论在实践中的应用[J]. 青岛大学师范学院学报，2001，18（2）：48–50.

[90] 毕世杰，马春文，张东辉. 发展经济学（第二版）[M]. 北京：高等教育出版社，2005：165–168.

[91] 车维汉. 发展经济学[M]. 北京：清华大学出版社，2006：58–70.

[92] 李红波，张小林. 国外乡村聚落地理研究进展及近今趋势[J]. 人文地理，2012，27（4）：103–108.

[93] 刘灵坪. 16–20世纪滇池流域的乡村聚落与人地关系——以柴河三角洲为例[J]. 中国历史地理论丛，2012，27（1）：37–46.

[94] 马利邦，郭晓东，张启媛. 甘谷县乡村聚落时空布局特征及格局优化[J]. 农业工程学报，2012，28（12）：218–225.

[95] 潘娟，邱道特，尹娟. 不同兼业类型农户的居民点用地选址及影响因素研究[J]. 西南师范大学学报（自然科学版），2012，37（9）：80–84.

[96] 李虹，田亚平，石义霞. 村级新农村建设评价实证研究——以湖南省衡南县工联村为例[J]. 农业经济问题，2007（4）：77–80.

[97] 张磊. 新农村建设评价指标体系研究[J]. 经济纵横，2009（7）：67–71.

[98] 王富喜. 山东省新农村建设与农村发展水平评价[J]. 经济地理，2009，29（10）：1710–1715.

[99] 朱孔来，韩春蕾，郝春霖. 社会主义新农村建设评价指标体系及综合评价方法研究[J]. 东岳论丛，2009，30（4）：162–166.

[100] 冯旭芳，梁俊花. 社会主义新农村建设评价指标体系研究[J]. 山西农经，2006（5）：47–50.

[101] 杨忍，刘彦随，刘玉. 新时期中国农村发展动态与区域差异格局[J]. 地理科学进展，2011，30（10）：1247–1254.

[102] 龙花楼，刘彦随，邹建. 中国东部沿海地区乡村发展类型及其乡村性评价[J]. 地理学报，2009，64（4）：426–434.

[103] 龙花楼，邹建，李婷婷，等. 乡村转型发展特征评价及地域类型划分——以“苏南–陕北”样带为例[J]. 地理研究，2012，31（3）：495–506.

[104] 董力三. 历史时期洞庭湖地区城镇职能的演变[J]. 经济地理，2006，26（3）：500–510.

[105] 王建军，许学强. 城市职能演变的回顾与展望[J]. 人文地理，2004，19（3）：12–16.

[106] 周一星，孙则昕. 再论中国城市的职能分类[J]. 地理研究，1997，16（1）：11–22.

[107] [德]沃尔特·克里斯塔勒著，常正文，王兴中等译. 德国南部中心地原理[M]. 北京：商务印书馆，2010：36–38.

[108] 金兆森，张晖等. 村镇规划[M]. 南京：东南大学出版社，2005：2–51.

[109] 戚红年，曹荣林. 村镇体系规划中的村镇分层次建设标准研究[J]. 城镇规划，2012（4）：29–33.

[110] 余方达，郝国芳. 新农村人口规模研究[J]. 山西建筑，2007，33（3）：23–24.

[111] 路锦非，王桂新. 我国未来城镇人口规模及人口结构变动预测[J]. 西北人

口，2010，31（4）：1-11.

[112] 王浩，江伊婷. 基于资源环境承载力的小城镇人口规模预测研究[J]. 小城镇建设，2009，23（3）：53-56.

[113] 吉海丽. 社区发展与社区人口规模合理化预测研究[D]. 武汉：华中科技大学硕士学位论文，2007.

[114] 郭晓东，牛叔文，吴文恒，等. 陇中黄土丘陵区乡村聚落空间分布特征及其影响因素分析——以甘肃省秦安县为例[J]. 干旱区资源与环境，2010，24（9）：27-32.

[115] 薛力. 乡村聚落发展的影响因素分析——以江苏省为例[J]. 2005中国城市规划年会论文集，2005：743-752.

[116] 屈琼英. 益阳市农村聚居的地域差异及影响因素研究[D]. 湖南：湖南师范大学硕士学位论文，2010.

[117] 叶玮，黄中伟，周亮亮. 影响金华市乡村聚落空间集聚规律的因素分析[J]. 浙江师范大学学报（自然科学版），2012，35（3）：346-351.

[118] 李建伟，王炳天. 丝绸之路沿线城镇发展的动力机制分析[J]. 城市发展研究，2012，19（12）：43-48.

[119] 刘彦随等. 中国新农村建设地理论[M]. 北京：科学出版社，2011：86-87.

[120] J. A. A. Sillince. Why did Warwickshire key settlement policy change in 1982? An assessment of the political implications of cuts in rural services[J]. The Geographical Journal，1986，V152（2）：176-192.

[121] M. Bunce. Rural Settlement in an Urban World[J]. New York，1982，V87（5）：87-96.

[122] H. L. Goodwin，Jr. Gerald，A. Doeksen，Robert，L. Oehrtman. Determination of Settlement. Patterns in Rapidly Growing Rural Areas[J]. The Annals of Regional Science，1984（3）：56-62.

[123] Violette Rey，Marin Bachvarov. Rural Settlements in Transition-Agricultural and countryside Crisis in the Central-Eastern Europe[J]. Geojournal，1998（4）：

125–137.

[124] Martin. Voorhees Associates[J]. Review of Rural Settlement Policies，1981：48–67.

[125] Michael S. Carolan. Barriers to the Adoption of Sustainable Agriculture on Rented Land：An Examination of Contesting Social Fields[J]. Rural Sociology，2005，70（3）：387–413.

[126] Genetics. The population structure of rural settlements of Sakha Republic（Yakutia）：Ethnic，sex，and age composition and vital statistics[J]. Russian Journal of Genetics，2006，V42（12）：1452–1459.

[127] Les. law，Czetwertynski–Sytnikk，Edward Koziol and Krzyszt of R. Mazurski. Settlement and sustainability in the Polish Sudetes[J]. Geojournal，2000，V50（2）：273–284.

[128] Vanessa Burholt，Dawn Naylor. The relationship between rural community type and attachment to place for older people living in North Wales[J]. European Journal of Ageing，2005，V2（2）：109–119.

附　录

附录一：行政村调查问卷

一、基本信息

1. 村庄信息（标图：各自然村位置、名称及村委会所在地）

（1）共辖______个自然村，______个村民小组，分别为：

______自然村辖______个小组共______人，与村委会的距离______里；

______自然村辖______个小组共______人，与村委会的距离______里；

______自然村辖______个小组共______人，与村委会的距离______里；

______自然村辖______个小组共______人，与村委会的距离______里；

______自然村辖______个小组共______人，与村委会的距离______里；

（2）改革开放以来，新批的宅基地在村庄的位置____________，原因____________。

村庄是否进行过搬迁：□是，□否。

搬迁原因：□自然灾害，□交通不便，□重大项目建设____________，□新农村建设，□其他____________。

2. 人口信息

（1）全村总户数______户，常住人口______人，暂住人口______人，老年人口（60岁以上）______人。外出务工人口______人，其中，带小孩外出的比例______%。

（2）户籍人口中：

16-25岁，上学______%，外出打工______%，常住人口（不包括高中生）______%

25-44岁，外出打工______%，常住人口______%

45-59岁，外出打工______%，常住人口______%

（3）家里长期只有老人的家庭比例______%

家里长期只有老人和第三代的家庭比例______%

3. 总土地面积______亩。其中，耕地面积______亩，林地面积______亩，园地面积______亩。人均耕地面积______亩。

4. 村域内资源及其分布（标图）

□矿产资源________，□风景名胜与文物古迹________。

5. 威胁村庄安全的灾害及分布（标图）：□洪水（淹没区），□滑坡（威胁区），□塌陷（煤炭采空区），□其他______。

二、经济状况

1. 本村主要经济来源（写到具体行业、或产品）______。

2. 制约本村经济发展的主要因素：□交通不便，□干旱缺水，□灾害，□其他______。进一步描述____________。

【农业生产】

3. 主要作物类型及面积：

（1）粮食作物：占农业收入比重______%。

作物1：______，播种面积______亩，单产______斤/亩。

作物2：______，播种面积______亩，单产______斤/亩。

（2）经济作物：占农业收入比重______%。

作物1：______，播种面积______亩，单产______斤/亩。

作物2：______，播种面积______亩，单产______斤/亩。

（3）经济林果：占农业收入比重______%。

作物1：______，种植面积______亩，单产______斤/亩。

作物2：______，种植面积______亩，单产______斤/亩。

4. 土地经营方式：□农户自营，所占农户比例______%，所占面积比例______%；

□出租，______户，面积______亩，出租费______元/亩·年；

□撂荒，______户，面积______亩。

5. 生产组织方式：

□一家一户分散经营，占农户比例_______%，作物种类______；

□农户合作组织（写明名称）______，占农户比例______%，作物种类______。

□其他____________。

6. 灌溉用水水源：____________，水浇地面积　亩，灌溉成本______元/亩。

【二、三产业发展】

7. 村庄附近对本村发展有较大影响的企业：□有，□无。

企业名称____________，位置____________。工人来源：□本村及周边村庄，

□其他_______，本村在企业上班的_______人，工资水平______元/月。

8. 村民在本村内从事生产活动：

规模养殖：□有，□无。如有，养殖种类______，______户，规模______；

加工制造：□有，□无。如有，加工种类______，______户，规模______；

服务业（商店、农家乐等）：□有，□无。______户；______，______户；

【外出务工情况】

9. 外出务工人员占总人口比重______%。主要务工地点及比重：

A、县内。主要地点______，所占比重______，从事职业______；

年龄阶段在□25岁以下，□25到44岁，□45–59岁。

B、省内。主要地点______，所占比重______，从事职业______；

年龄阶段在□25岁以下，□25到44岁，□45–59岁。

C、省外。主要地点______，所占比重______，从事职业______。

年龄阶段在□25岁以下，□25到44岁，□45–59岁。

10. 外出务工是否有培训：□有，□无。培训组织机构：______________________________

【经济收入】

11. 集体经济：□有，□无。

收入来源：□企业利润，□土地出租，□其他______；人均分配______元。

12. 村民收入：人均年纯收入______元。其中，

□农业收入______%，□外出打工收入______%，□其他______，______%

三、生活及住区情况

【房地情况】

1. 村庄占地______亩，户均宅基地______分，房屋以______层居多，人均住房面积______m^2。

2. 长期无人居住的有______户，原因____________，闲置宅基地处置方式：□空置，□出租，□其他______。长期在外居住农户的耕地处置方式：□撂荒，□出租，□其他______。

【基础设施】

3. 交通

（1）去镇上交通是否方便：□是，□否；道路状况：□公路，□水泥路，□土路。

交通方式：□自行车，□电动车或摩托车，□公交车，□步行，□其他______。

（2）去县城交通是否方便：□是，□否；道路状况：□公路，□水泥路，□土路。

交通方式：□自行车，□电动车或摩托车，□公交车，□步行，□其他______。

4. 生活用水：□通户自来水，□村内机井，□村户自备井，□其他______。

5. 污水处理方式：□随意倾倒，□地面污水渠，□统一排污管道，□其他______。

6. 垃圾处理方式：□村组固定地点倾倒、填埋；□村收集、镇转运、县处理；

□农户分散倾倒处理；□其他______。

7. 生活主要能源：

□电，□沼气，□煤，□农作物秸秆，□天然气，□太阳能，

□其他______。

·沼气使用：□有，□无。现使用沼气______户，其中，正常使用的户数______户。

主要用途：□做饭，□取暖，□其他______，存在问题______。

·太阳能用户______户，占全村______%。主要用途：□洗澡，□其他______。

【公共服务设施】

8. 教育设施：

（1）村内有无幼儿园？□有，□无。

若有，位于____________自然村（标位置）；共______个班，______学生。

学生来源有无外村：□有，□无，具体为__________。

若无，本村幼儿在______村上学。

（2）村内有无小学？□有，□无。若有，位于______自然村（标位置）；

属于 □完全小学，□非完全小学（一年级 -______年级），共______个班，______人，有无外村生源：□有，□无。若有，具体为___________。

若无，本村学生在______村（镇）上学（标位置），

上学方式：（1）□通勤（□家长接送 □校车接送），（2）□寄宿。

（3）家长陪读情况

陪读的主要学习阶段：□幼儿园，□小学，□初中，□高中。

陪读的主要地点：□本县，□外县______，□咸阳市，□其他______。

陪读家长从事职业：□无业，□打工，□做生意，□其他______。

陪读住宿主要为：□租房，□买房，□借宿亲戚家，□其他______。

9. 医疗卫生：村内有卫生室______个，私人诊所______个。条件：□还行，□较差。

10. 文体设施（可多选）：

□图书室，□体育运动场所，□文化广场，□党员活动室，□农技站。

11. 村内主要文化活动（可多选）：

□庙会______，□______，主题：__________

四、村干部对建设新型农村社区及村民集中居住的看法及建议

（1）是否愿意村庄迁移合并和集中居住 □是 □否

若愿意，理想居住地点是______，原因________________

____

若不愿意，原因或顾虑是________________

____

____

（2）对于村庄搬迁合并和集中居住的建议（集中居住点的选址、如何调动农民积极性让农民自愿搬迁、土地的处置、村庄管理、政策等）

____

____

____

附录二：农户调查问卷

一、村民家庭基本信息

家庭成员	性别	年龄	文化程度	职业	居住地	工作地	工资/月
受访者							

二、村民家庭收支状况

（一）收入状况

1. 工资收入

在外工作的家庭成员的工资收入占全家收入的______%。

2. 经营收入

（1）耕地总面积______亩。

（2）耕地使用状况：□荒芜，□自家耕种，□出租，□其他____________。

①如自家耕种：（作物种类、种植面积、亩产）

粮食作物：______，______亩；______，______亩；______，______亩；

经济作物：______，______亩，______斤/亩；______，______亩，______斤/亩；

______，______亩，______斤/亩；

②如出租耕地：

出租面积______亩，出租费用______元/年；

出租对象：□本村村民，□外村村民，□农业企业______，□其他______；

若出租给农业企业规模经营，土地用途______，经营品种______。

（3）家庭养殖：

种类1______，规模______，年毛收入______元，年成本______元。

种类2______，规模______，年毛收入______元，年成本______元。

（4）其他经营性收入：种类______，年毛收入______元，年成本______元。

3. 财产性收入：□有 □无

□出租房屋共______间，月租金______元/间；

□出租其他财产______，出租数量______，纯收入______元/年。

4. 转移性收入

集体分红：□有 □无。如有：分红______元/人年，分红来源__________。

政府补贴：1.______补贴______元/______，2.______补贴______元/______。

（二）支出状况

年总支出______元/年。其中，种地支出______元，占______%；教育支出______元，占______%；医疗支出______元，占______%；食品支出______元，占______%。

三、房地状况（照片：院落形态、建筑形态）

1. 宅基地总面积______分地，或______m^2。

2. 房屋总建筑面积______m^2，层数______，共______间（观测）；

建房时间______；建房花费______元。

*（本组长期无人居住的有______户，原因__________，闲置院落处置方式：□空置，□出租，□其他____________；长期在外居住农户耕地处置方式：□自己耕种，□托人耕种，□撂荒，□出租，□其他____________。）

四、基础设施需求与满意度调查

1. 交通（出行交通工具可多选，但多选时要排队）

（1）出行交通工具：□自行车，□电动自行车，□摩托车，□公共汽车，□______。

（2）对现状村内道路或街道是否满意？□是，□否（下面原因可多选）。

不满意的原因：□未硬化，□路况差，□乱占道，□路太窄，□其他____________。

2. 生活主要能源（可多选，在方框中打钩并按使用多少排队）

□煤______，□电______，□沼气______，□秸秆______，□薪柴______，□天然气______，□太阳能______。

沼气主要用途：□做饭，□取暖，□其他____________；评价____________。

五、公共服务设施需求与满意度调查

1. 教育

家中是否有小孩上学？ □有，□无。

小孩一：年龄______岁，年级______，上学地点______，学费______元/年；

□住校，□通勤（□家长接送，□校车接送，□自行）；□有家长陪读。

小孩二：年龄______岁，年级______，上学地点______，学费______元/年；

□住校，□通勤（□家长接送，□校车接送，□自行）；□有家长陪读。

2. 基本医疗服务（可多选，但多选时要排队）

（1）您看病常去的医疗机构是：

□县医院，□乡镇卫生院，□当地私人诊所，□村卫生室，□其他____________。

（2）您对农村医疗服务是否满意？□满意，□不满意。如不满意，原因是：

□距离远，□不方便，□医生少，□医术差，□服务差，□收费高，□设备差。

3. 村中有无图书室？□有，□无。

（1）你常去图书室吗？□常去，□不常去 。

（2）不常去的原因：□无喜欢看的书，□不爱看书，□不方便去（远、顾不上）。

4. 村中主要文化娱乐活动是（多选）：

□电影，□棋牌，□跳舞，□其他＿＿＿＿＿＿。

5. 您经常在哪里采购基本生活日用品（包括蔬菜、食品）？

□本村内，□其他村＿＿＿，□本镇，□其他镇＿＿＿，□县城；

是否方便：□方便，□不方便。不方便原因：□距离远，□品种少，□＿＿＿。

6. 你觉得村庄最需要改善或增加的公共设施是：□学校，□医卫，□其他＿＿＿。

六、对于集中居住的看法

1. 您对现状居住条件：□满意，□较满意，□不满意。不满意的原因＿＿＿＿＿＿。

2. 是否愿意集中居住？□是，□否。

如愿意，希望选址在：□原址，□交通方便的集中居住区或新农村＿＿＿＿＿，□进入城镇＿＿＿＿＿。

如不愿意，原因是：□缺乏财力，□习惯现状，□耕作不便，□其他＿＿＿＿＿。

3. 若您要进城落户，是否愿意流转宅地基和自留地与承包地？□是，□否。

你是否愿意接受“宅基地换商品房，承包地换社会保障”的鼓励有条件农村人口进城落户政策？□是，□否。

七、村庄发展期望

你对村庄发展建设有何期望？＿＿＿＿＿＿＿＿＿＿＿＿＿＿

＿＿＿＿＿＿＿＿＿＿＿＿＿＿＿＿＿＿＿＿＿＿＿＿＿＿

后　记

本书所研究的农村聚落体系重构旨在为目前的乡村发展和乡村规划探索提供一些理论和方法上的参考。在本书写作过程中，笔者也得到了诸多学者和朋友们的无私关爱与帮助。

感谢刘科伟教授的无私帮助和真诚鼓励。本书从选题、实地调研、大纲的撰写，到书稿的多次修改，直至最终定稿，都是在先生的悉心指导和无私付出中进行的，对此深表感谢！

感谢在我写作过程中，帮助过我的权东计教授、杨海娟副教授、李建伟副教授以及在研究中帮助并参与调研的惠怡安讲师，刘林和赵丹博士，张付娟、陈喆、刘美辰、郭静、李丁、李幸、魏东、方蕾、李晓娟、李佳等硕士，还有参与调研的其他本科生。

感谢我的朋友芮旸和赵直，在我书稿写作过程中，与我一同奋战、一同寻求解决问题的方法，并在生活中给予我帮助、鼓励和支持，让我能够坚持并顺利完成书稿写作。

感谢一直支持着我的父母和公婆，在我写作过程中给我最无私的关心、鼓励和完善的生活保障；特别感谢我的爱人，如果没有他在我写作过程中的耐心鼓励和支持，我可能无法完成书稿的写作。

感谢为此书出版付出心血的出版社的编辑们。

由于笔者水平有限，本书纰漏之处在所难免，恳请大家批评指正。